小学生跨文化交际素养教育

"互联网＋"视阈中的英语教学

■ 王济军 著

天津出版传媒集团

天津人民出版社

图书在版编目(CIP)数据

小学生跨文化交际素养教育："互联网+"视阈中的
英语教学 / 王济军著. —— 天津：天津人民出版社，
2017.12

ISBN 978-7-201-12809-2

Ⅰ.①小… Ⅱ.①王… Ⅲ.①英语课–教学研究–小
学 Ⅳ.①G623.312

中国版本图书馆 CIP 数据核字(2017)第 313794 号

小学生跨文化交际素养教育——"互联网+"视阈中的英语教学

XIAOXUESHENG KUAWENHUA JIAOJI SUYANG JIAOYU:HULIANWANG + SHIYU
ZHONG DE YINGYU JIAOXUE

王济军 著

出　　版	天津人民出版社	
出 版 人	黄　沛	
地　　址	天津市和平区西康路 35 号康岳大厦	
邮政编码	300051	
邮购电话	(022)23332469	
网　　址	http://www.tjrmcbs.com	
电子信箱	tjrmcbs@126.com	

责任编辑　杨　轶
装帧设计　卢炀炀

印　　刷　天津市天办行通数码有限公司
经　　销　新华书店
开　　本　787 毫米×1092 毫米　1/16
印　　张　12.75
插　　页　2
字　　数　160 千字
版次印次　2017 年 12 月第 1 版　2017 年 12 月第 1 次印刷
定　　价　58.00 元

序

最早认识王济军博士是在 2009 年,当时他作为教育部青年访问学者来北师大访学。在我主持的一个讲座上王济军提了一个问题,这个问题提得很有价值,体现了他对这个领域研究动态的准确把握,这个问题引起了我对他的关注。

2011 年王济军考取了我的博士。在北师大学习的三年,是王济军开始学术生涯并迅速成长的三年。三年来,在"基础教育跨越式创新发展试验"课题组里,他担负着云南试验区的开辟、指导工作和河北青龙试验区的指导工作,同时还付出了大量精力支持黑龙江、新疆、深圳等地试验区的指导工作。三年来,王济军几乎每周都在不同的试验区学习和工作。他是一个勤奋好学、愿意思考、学术敏感的人。三年来,我见证了一个教育技术学年轻学者的成长之路。

本书脱胎于他的博士论文《"一对一"网络环境下培养小学生跨文化交际素养的研究》,之所以选择这个课题,有三个方面的原因:一是学术研究的趋势所在。众所周知,信息技术对教育的发展具有革命性影响,"一对一"网络代表了当今信息技术的典型发展趋势。在教育改革中,"一对一"网络环境具有先进性优势。二是课题发展的需要。在课题指导实践的过程中,一线教师经常会在跨文化教学中感到困惑,如何培养小学生跨文化交际素养成为课题中亟待解决的问题。三是王济军博士的工作单位是一所外国语大学,他对外语教学和跨文化交际也很感兴趣。基于以上三点,他就确定了这个研究课题。

"一对一"网络环境指的是人手一台能联网的计算机或电子设备的环境,本书就是一本从实践层面研究"一对一"网络环境中培养小学生跨文化交际素养的著作。本书依托网络环境中"基础教育跨越式创新发展试验"课题,以语觉论、二语习得理论和跨文化交际学等理论为指导,以"一对一"网络环境中的虚拟课堂 VClass 系统为资源平台,从信息技术与文化教学融合的视角切入,采用教育准实验研究对小学生跨文化交际素养的培养进行了探索。

　　本书将"一对一"网络环境中小学生跨文化交际素养培养的应用方式和教学模式作为主要的研究问题,在对跨文化交际素养、信息技术在文化教学中的应用及文化教学模式等理论进行文献综述的基础上,针对研究问题,从研究目标、研究框架、研究方法、研究工具、研究对象、研究基础等方面展开了详细的论述和研究设计;依次探讨了学习资源的提供方式、概念图的使用方式和基于电子邮件的交际方式对培养跨文化交际素养的影响;对三种技术使用方式进行了比较分析。本书还构建了"一对一"网络环境中整合技术的"文化旁白"教学模式和"文化包"教学模式,并进行了实验研究,有一定的新意,其成果可以应用在小学英语文化教学实践中,有助于提高学生的跨文化交际能力,改善其使用英语进行交流的效果。

　　王济军认为"一对一"网络环境中信息技术的使用对小学生跨文化交际素养的培养具有一定的促进作用;"一对一"网络环境中整合技术的"文化旁白"教学模式和"文化包"教学模式,对促进跨文化交际素养的培养都有一定的积极作用。

　　王济军对"一对一"网络环境中跨文化交际的"教"和"学"做了大量研究,希望本书能够为中小学一线外语教师的日常教学带来一些启示,将信息技术与学科教学相融合,培养学生的跨文化交际素养,也希望能够为广大教育技术研究者和实践者在教育教学领域利用互联网创新提供一定的参考。

　　是为序。

何克抗
2016 年 12 月 27 日

目　录

1

第一章 绪 论

第一节 研究背景

随着中国改革开放进程的不断深入和科学、技术、经济的迅猛发展，跨国、跨民族、跨文化的交际需求不断增加，"全球化"使人类跨越不同文化的交流愈加频繁。外语教学的任务就是要培养能综合运用外语、有文化修养、能够进行跨文化交际的高素质复合型人才。

2011年教育部颁布的《义务教育英语课程标准》(以下简称《课程标准》)中指出："英语作为全球使用最广泛的语言之一，已经成为国际交往和科技、文化交流的重要工具。学习和使用英语对吸取人类文明成果、借鉴外国先进科学技术、增进中国和世界的相互理解具有重要的作用。在义务教育阶段开设英语课程，能够为提高我国整体国民素养，培养具有创新能力和跨文化交际能力的人才，提高国家的国际竞争力和国民的国际交流能力奠定基础。"同时，《课程标准》还规定了义务教育阶段英语课程的性质："义务教育阶段的英语课程具有'工具性'和'人文性'双重性质。所谓'工具性'，是指课程承担着培养学生基本英语素养和发展学生思维能力的任务，即学生通过英语课程掌握基本的英语语言知识，发展基本的英语听、说、读、写技能，初步形成用英语与他人交流的能力，进一步促进思维能力的发展，为今后继续学习英语和用英语学习其他相关科学文化知识奠定基础。而'人文性'是指英语课程承担着提高学生综合人文素养的任务，即学生通过英语课程能够开阔视野，丰富生活经历，形成跨文化意识，增强爱国主义精神，发展创新能力，形成良好的品格和正确的人生观与价值观。工具性和人文性统一的英语课程有利于为学生的终身发展奠定基础。"

《课程标准》还指出："义务教育阶段的英语课程的主要目的是为学生发展综合语言运用能力打基础，学习一门外语能够促进人的心智发展，有助于学生认识世界的多样性，在体验中外文化的异同中形成跨文化意识，增进国际理解，弘扬爱国主义精神，形成社会责任感和创新意识，提高人文素养。"因此，教师在教学中要综合考虑语言知识、语言技能、情感态度、学习策略和文化意识五个方面的课程目标，根据学生的发展状况，整体规划各个阶段的教学任务，有效整合课程资源，优化课堂教学，培养学生的自主学习能力，为学生的可持续发展奠定基础。文化意识的培养与语言知识、语言技能、情感态度、学习策略被并列作为义务教育阶段英语课程的总目标。

《课程标准》指出："在外语教学中，文化是指所学语言国家的历史地理、风土人情、传统习俗、生活方式、行为规范、文学艺术、价值观念等。在学习英语的过程中，接触和了解外国文化有益于对英语的理解和使用，有益于加深对中华民族优秀传统文化的认识和热爱，有益于接受属于全人类先进文化的熏陶，有益于培养国际意识。"《课程标准》进一步指出："在教学中，教师应根据学生的年龄特点和认知能力，逐步扩展文化知识的内容和范围。在起始阶段应使学生对中外文化的异同有粗略的了解，教学中涉及的外国文化知识应与学生的学习和生活密切相关，并能激发学生学习英语的兴趣。在英语学习的较高阶段，要通过扩大学生接触外国文化的范围，帮助他们提高对中外文化异同的敏感性和鉴别能力，进而提高跨文化交际能力。"

通过对《课程标准》的解读可以看出，培养小学生的英语文化意识和跨文化交际能力已经引起了国家的高度重视。

一、我国小学英语跨文化教学的现状

长期以来,在我国小学英语教学实践中存在着一些误区,比如重"语言形式"轻"交际应用",重"知识技能"轻"文化渗透"。这些误区具体表现为很多教师只注重学生的单词和句型学习,培养的只是纯语言能力,较少注意结合语言使用的场合来培养学生综合运用语言的能力;还有很多教师认为,小学阶段的英语教学目标是让学生听懂、会说简单的日常交际用语并了解简单的语法结构,文化意识和跨文化交际能力的培养是初中以后的事情。这些误区的存在导致了语言学习和文化学习分离的现象出现。

我国小学英语文化教育教学的现状并不乐观。王华宝调查了泉州市市区小学英语跨文化教学状况,调查结果表明,被调查学生中,45.6%的学生没有注意到隐私在中西文化中的差别,72.1%的学生对于中西方的问候文化不甚了解,71.9%的学生不知道在接电话时要先自我介绍,71%的学生对接受礼物表示感谢的文化不是很理解。这反映了中国传统文化观念对当代学生还有很大的影响,尽管学生学习了英语,但对一些外来文化还是不求甚解甚至根本不了解。

调查结果还显示,小学英语文化教学不被重视,很多教师认为没有必要在课堂中进行跨文化交际方面的教学;即使有跨文化交际方面的教学内容,也存在跨文化交际的不足和各种失误。因此,学生对西方文化的了解仅限于表面,对文化内涵的学习不够。

目前,在我国小学英语课堂教学中,大多数跨文化教学方法是以教师的集中讲授和英汉翻译为主,仅限于知识层面的学习,脱离了跨文化交际所需要的"情境"或"语境",脱离了社会实践,使得学生无法参与真正的跨文化交际,更不要说培养交际能力了。

我们经常发现一些学生在用英语与外国人交流时出现"语用失误"和"交际障碍"的现象,甚至还会出现"文化休克"(Culture Shock)现象。比如,当一位美国朋友夸奖一位中国女学生的裙子漂亮时,他说:"What a nice dress you are wearing!"这位中国女学生急忙摆摆手,不好意思地回答："No, it's not beautiful at all! "这样的回答令这位美国朋友感到很尴尬,本来是想通过这种友好的寒暄拉近他们之间的距离,结果遭遇了"交际障碍"。

从总体上看,我国小学英语跨文化教学效果并不让人满意,大部分小学生在跨文化交际中存在三个方面的问题:跨文化交际意识淡薄、跨文化交际知识缺乏、跨文化交际能力较弱。

二、交际教学法取得的成绩和存在的问题

交际教学法简称交际法 (Communicative Approach),也叫功能法 (Functional Approach)或意念法(Notional Approach),是 20 世纪 70 年代根据语言学家海姆斯(Hymes)和韩礼德(Halliday)的理论形成的一种教学方法,是世界上影响较大的一个外语教学法流派。该方法认为,语言首先是一种社会交际的工具,语言教学的目的是培养学生使用目的语进行交际的能力,语言教学的内容不仅要包括语言结构,还要包括表达各种意念和功能的常用语句。因此,交际法重视培养学生的语言能力,采用真实、自然的语言材料,主张采用"句型+情景"的方式教授语言,鼓励学生多接触外语并使用外语进行交流。比如,交际法主张以问候、邀请、做客、看病等具体的交际功能项目为主要线索来安排教学内容,并根据学生未来工作的实际需要来确定其培养目标的侧重面,加强教学的针对性。因此,重视学生的实际需要和交际能力的培养是其最突出的优点,这有利于学生使用目的语进行交际,能够有效改善我国英语教学中长期存在的"哑巴英语"现象。交际法被引入中国后,立即受到很多学者和英语教师的青睐,很多一线教师尝试采用交际法进行教学,对于提高学生的口语交际能力具有一定的促进作用。

交际法实际上只是一种宏观的教学理念,主要是一种方法论或指导思想,并非一种具体的教学方法。然而,我国许多教师却将它看作一种具体可操作的教学方法,因此在课堂上他们只是用语言的功能和交际的形式来操练学生,过于追求交际的形式而忽视交际的质量和语言的社会文化

意义。学生在生活场景和学习情境中用英语"交际"而用汉语"思维",以致出现所谓的中式英语(Chinglish),这样就无法形成地道的、体现英语文化的有效交际。同时,由于交际法重视语言的功能和话题,轻视了文化因素的导入和文化情境的创设,或者说它创设的情境不是真实的情境,尤其是不符合跨文化交际情境的特点和要求,课堂里的"交际语言"与真实语言在社会环境与文化意义上是分离的,甚至课堂语言脱离了社会文化语境,导致很多学生能够完成交际练习,但是在实际场合却不能地道、得体地进行交际,所以在进行跨文化交际时很容易出现"语用失误"和"交际障碍"的现象。已有研究显示,"以交际为中心"的交际法并不一定能保证有效的语言习得和文化学习。

三、"跨越式"的成绩和实践中的困惑

北京师范大学现代教育技术研究所何克抗教授带领的研究团队,从2000年左右开始在国内外(国外有新加坡)进行"基础教育跨越式创新发展试验"课题(以下简称"跨越式")的教学实践,至今已有十七个春秋。在小学英语教学中,何克抗教授以他提出的"语觉论"为指导思想,创造性地提出了以言语交际为中心的英语教学模式(简称"111"模式),该模式的结构如图 1-1 所示。

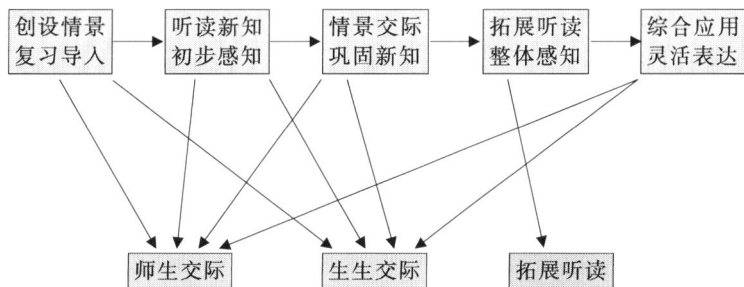

图 1-1 以言语交际为中心的英语教学模式

该模式的特点可以用"五个环节、三大活动"来概括。所谓五个环节,是指五个相互联系、依次递进的环节,分别是:创设情景,复习导入;听读

5

新知,初步感知;情景交际,巩固新知;拓展听读,整体感知;综合应用,灵活表达。所谓三大活动是指该模式倡导的课堂教学中的三个主要活动,即师生交际、生生交际和拓展听读。师生交际,即由教师和学生组成交际的双方,在教师创设的语言学习情境中,主要由教师引导学生对新学习的内容进行对话交际,将单词放在句子中、句子放在对话中进行学习,也可以由教师引领学生对旧知识进行复习。教师是语言的熟练掌握者,因此师生对话有利于实现"实时双向互动"。生生交际,即在师生交际做好示范之后,学生与学生进行对话交际,交际的形式包括"邻座两两对话""小组对话""自主说"三种。由于每个学生都能参与生生交际活动,学生的参与度比较高,充分体现了学生的主体地位。拓展听读,即针对课堂学习的内容,由教师精心选择 3~5 篇多媒体听读材料,在课堂上专门安排时间(小学低年级段 11~12 分钟,中高年级段 13~14 分钟)让学生自主进行听读活动。拓展听读可以增大语言信息的输入,有效地提高了学生的听力和阅读水平;同时,由于拓展听读选择的都是为了落实和拓展本节课教学目标的材料,这些材料多以对话、段落、篇章为主,有情节、有趣味性,所以容易激发学生的学习兴趣。

经过十多年的教学实践和试验探索验证,以言语交际为中心的英语教学模式有效地提高了学生的学业成绩和语言素质,具体体现在三个方面:①学生学习英语的兴趣提高了,学习英语的自信心提高了;②学生的听说能力(口语交际能力)提高了;③学生的阅读水平提高了。课题组在广州市某小学的六年级班级中所做的对比测试表明,试验班学生的听力、口语、读写和总分的平均成绩均高于对比班,其中听力部分高出 6.12 分,口语部分高出 8.69 分,读写部分高出 6.30 分,总分高出 21.16 分。试验班和对比班在听力、口语、读写和总分上都存在着显著性差异(见表 1-1)。

表 1-1 广州市某小学"跨越式"教学测试独立样本 T 检验表

Independent Samples Test

		Levene's Test for Equality of Variances		t-test for Equality of Means					95% Confidence Interval of the Difference	
		F	Sig.	t	df	sig. (2-tailed)	Mean Difference	Std.Error Difference	Lower	Upper
听	Equal variances assumed	16.206	0.000	22.412	4993	0.000	6.12	0.273	5.588	6.659
	Equal variances not assumed			22.587	4975.987	0.000	6.12	0.271	5.592	6.655
说	Equal variances assumed	3.028	0.082	26.943	4993	0.000	8.69	0.322	8.055	9.319
	Equal variances not assumed			26.861	4807.930	0.000	8.69	0.323	8.053	9.321
读写	Equal variances assumed	0.053	0.817	22.346	4993	0.000	6.30	0.282	5.748	6.853
	Equal variances not assumed			22.385	4902.530	0.000	6.30	0.281	5.749	6.852
总分	Equal variances assumed	0.028	0.867	29.157	4993	0.000	21.17	0.726	19.743	22.59
	Equal variances not assumed			29.180	4885.673	0.000	21.17	0.725	19.744	22.59

在听力、口语、读写三个方面的测试中,以学生的听、说能力提高最为显著(详细数据对比分析还可以参见宁夏海原课题组、河北丰宁课题组所做的数据分析)。

但是在具体的交际话题中,学生受到汉语思维方式的束缚,部分交际在课堂内也存在"为交际而交际"的现象。尤其是在小学高年级段,学生在师生交际的引导下掌握了交际的基本句型和所用单词,但是在生生交际环节中还是会出现"机械式交际"(交际脱离现实情境,交际质量不高,忽视东西方文化的差异,不符合目的语的文化习俗等)的现象,部分学生还不能得体地、恰当地使用英语进行交流;在拓展听读环节中,只是有一些零散的、简单的文化知识输入。

从整体上看,在涉及跨文化交际意识和跨文化交际能力的培养方面,五个环节中并没有专门的教学环节和系统的方法策略,因此导致文化教学的效果并不理想。笔者从 2011 年开始参与"跨越式"项目的一线指导,在听课、评课以及与英语教师交流的过程中,了解到英语教师对该现象也比较关注,对学生的跨文化交际意识和跨文化交际能力也不满意。笔者曾专门对北京市、深圳市和云南省的 43 名五年级小学生做了一次以跨文化交际素养为主题的问卷调查,问卷包含跨文化交际意识(认识、敏感度和情感态度)、跨文化交际知识和跨文化交际能力三个维度,共计 20 个问题。调查结果表明,58.1%的学生跨文化交际意识不强,48.8%的学生对跨文化交际知识了解不够,65.1%的学生的跨文化交际能力较弱。

第二节　研究问题和研究意义

语言与文化是密切相关的。美国语言学家萨丕尔在《语言论》一书中指出:"语言不能离开文化而存在。"语言离不开文化,文化依靠语言,英语教学是语言教学,当然离不开文化教育。小学生英语学习的深入离不开文化知识的拓展与深化;激发学生的学习兴趣,培养学生英语学习的敏感性,更离不开文化知识的习得。在学习英语的过程中接触和了解外国文化,有益于对英语的理解和使用,有益于加深对中华民族优秀传统文化的认识和热爱,有益于接受全人类先进文化的熏陶,有益于培养学生的国际意识。

小学阶段是学生语言可塑性最强的时期,易于培养学生的跨文化意识,易于提高他们对文化差异的敏感性和适应性。虽然小学生的英语语言知识基础尚浅,认知水平也需要不断提高,但是跨文化交际素养的培养是一个循序渐进、不断深化的过程,因此,从小学阶段开始,英语教学就应该重视渗透跨文化知识,甚至进行专门的文化教学。文化教学可以使学生接触、体验真实的文化语境,学习、理解并运用外语,对于促进学生对语言知识的理解和提高语言技能有较好的帮助作用,尤其是跨文化交际教学能够促进真实语言交际的发生,有利于培养学生的跨文化交际素养。

《课程标准》已经明确规定,将文化意识的培养作为小学英语教学的重要目标之一。来自学术界的呼声和英语教学实践的需求也体现了在小学阶段进行文化教学的必要性和重要性。因此,教师应该根据学生的年龄特点和认知水平,逐步扩展文化知识的范围,培养学生的跨文化交际素养,为其综合语言能力的提高奠定坚实的基础。

一、跨文化教学效果的影响因素

我国小学英语教学中文化教学的现状并不令人满意,学生的跨文化交际素养不高,表现在其对跨文化交际知识的了解程度不深,缺乏对本国文化与英语国家文化差异的认识,跨文化交际能力较弱。

为探究造成这种现状的原因并寻找解决的途径,笔者设计了一个问卷对小学英语教师进行了调查,共有来自全国13个省、直辖市的45名小学五年级、六年级的英语教师参与了调查。

调查问卷分为四个部分:基本信息、学生跨文化交际素养现状、跨文化交际素养的影响因素和提高学生跨文化交际素养的途径(见附录1),其中影响跨文化教学效果并导致学生跨文化交际素养不高的因素如表

1-2 所示。

表 1-2　影响学生跨文化交际素养的因素

类型	序号	项目	选择数量	比例(%)
教师因素	1	教师对文化教学的重视程度	28	62.2
	2	教师自身跨文化交际素养的高低	37	82.2
	3	教师跨文化教学的处理方式和教学技能	34	75.6
学生因素	4	学生受母语的负迁移和母语文化的干扰	39	86.7
	5	学生对跨文化交际的敏感性和学习的主动性	36	80.0
	6	文化冲突	33	73.3
教学内容资源因素	7	跨文化交际知识不系统,没有明确的课程标准	29	64.4
	8	缺乏优质的跨文化教学资源和学习资源	38	84.4
	9	缺乏即时反馈的跨文化交际检测和评价系统	31	68.9
教学模式\策略因素	10	缺乏有效的跨文化交际教学模式	27	60.0
	11	缺乏有效的跨文化交际教学策略	29	64.4
	12	缺乏跨文化交际的真实情境和语境	41	91.1
媒体\技术因素	13	多媒体和网络技术应用层次较低,作用发挥不够	34	75.6
	14	缺乏个性化教学和分层教学的实施机制	26	57.8

　　调查结果表明，一线教师认为有很多因素能够影响小学生跨文化交际素养的培养,比如教师因素、学生因素、内容资源因素、模式策略因素以及媒体技术因素等。针对这些因素,很多教师从不同的视角给出了一些解决措施:①对教师进行跨文化交际培训,首先让教师具备一定的跨文化交际素养;②为学生开设跨文化交际的专题讲座,带领学生参观异文化展览;③优化设计跨文化教学内容的呈现形式,提供优质丰富的教和学的文化资源;④构建合理有效的跨文化教学模式,运用有效的跨文化教学策略,创设真实的跨文化教学情境;⑤充分发挥多媒体和网络等信息技术的

作用,将技术与跨文化教学进行融合,等等。

综观这些措施,有的是通过改变人的方式来起作用,如措施①和措施②;有的是通过改变内容和提供资源来起作用,如措施③;还有的是通过提高技术应用来起作用,如措施⑤。这些措施涉及不同的领域,为不同学科背景的研究者提供了不同的研究视角和思路。

二、研究问题的初步提出

《国家中长期教育改革和发展规划纲要(2010—2020)》指出:"信息技术对教育具有革命性影响,必须予以高度重视。"《教育信息化十年发展规划(2011—2020)》强调:"注重信息技术与教育的全面深度融合。"《课程标准》指出:"计算机和网络技术为学生个性化和自主学习创造了有利条件,为学生提供了适应信息时代需要的新的学习模式。通过计算机和互联网络,学生可以根据自己的需要选择学习内容和学习方式,使学生之间更有效地相互帮助,分享学习资源。"

以多媒体计算机和网络为代表的信息技术在英语教学中具有六大作用:多媒体内容的演示、学习情境的创设、个性化资源的提供、基于媒体网络的交际、使用认知工具促进学习、即时的评价反馈。在文化教学中,采用信息技术将会有更大的优势,以上文给出的措施为例,如果措施⑤做好了,可以在一定程度上为措施③和措施④提供良好的技术支持。

信息技术的发展为文化教学提供了新的途径和可能性,比如,信息技术可以以多媒体形式呈现文化教学内容,根据学生的个性化需求提供文化学习资源;信息技术还有助于提高学生的个体认知,并能促进小组成员之间的合作交流;信息技术可以创设真实的文化学习情境,基于网络媒体可以实现真正的跨国、跨文化交际。

总之,信息技术是影响跨文化教学效果的最活跃的因素。在这样的背景下,探索信息技术条件下的文化教学,培养和提高小学生跨文化交际素养,成为小学英语文化教学的当务之急。因此,本书以信息技术视角下小学生跨文化交际素养的培养为研究问题,探索以"一对一"网络环境为代表的信息技术在小学生跨文化交际素养培养中的应用方式和教学模式。

三、理论意义

本书探讨"一对一"网络环境中小学生跨文化交际素养的培养,探索利用信息技术提高小学英语文化教学的效果,有利于丰富我国信息技术与英语学科整合的理论及文化教学研究的学术成果,扩展跨文化交际学的学术视野。

四、实践价值

本书的研究成果将应用于小学英语文化教学实践,培养小学生跨文化交际意识,丰富小学生跨文化交际知识,提高其跨文化交际能力,实现使其得体地、有效地使用英语进行交流的目标。本书探索的教学模式可以在课堂教学中进行适度推广,为我国小学英语教学改革提供一定参考。

第二章 文献综述

本章将首先界定研究中的核心概念，然后从以下五个方面进行文献梳理：①语言、交际与文化的关系，②文化教学在跨文化交际素养培养中的作用，③文化教学的模式，④跨文化交际素养的测量和评价，⑤信息技术在跨文化交际素养培养中的应用。

本章结构如图 2-1 所示。

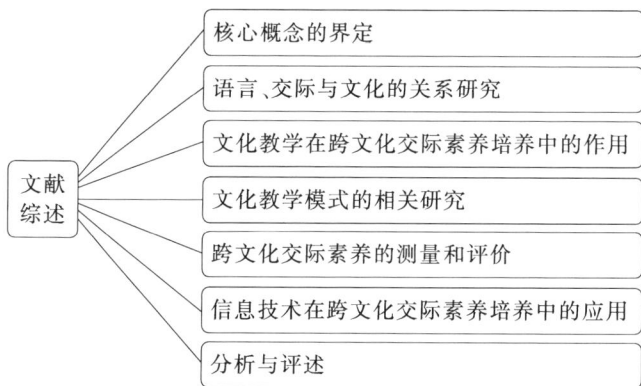

图 2-1　第二章内容结构图

第一节　核心概念的界定

本书以小学生跨文化交际素养培养为研究主题，重点研究"一对一"网络环境中，信息技术与文化教学融合视角下的跨文化交际素养培养。为了研究过程中概念表述的明确性并明晰研究的范围，特将本书中的核心概念做以下界定，以免引起歧义。

一、文化

文化是一个内涵非常丰富的概念，也是一个使用十分频繁且含义不同的概念，如企业文化、茶文化、岭南文化，等等。概括来说，文化有广义和狭义之分。广义的文化即人类的特征。《辞海》(1989年缩印本)定义："文化是人类在社会历史发展过程中所获得的物质、精神的生产能力和创造的物质财富、精神财富的总和，包括物质文化、制度文化和心理(观念)文化三个方面。"根据此定义，反映人类与自然界任何差别的特点都可以包括在文化范畴之内，因此广义的文化是包罗万象的，被称为"大写C文化"(Culture with a capital C)(Camilleri,1986)。狭义的文化又被称作"小写c文化"(Culture with a small c)，这一概念是由19世纪英国人类学家泰勒(Taylor)在《原始文化》一书中提出的，他认为"文化是一个复合体，其中包括知识、信仰、艺术、法律、道德、风俗以及人作为社会成员而获得的任何其他能力和习惯"(转引自王振亚,2005)。该定义强调人类文化是习得的，而不是遗传的，强调世界各民族或人群之间生活方式的差异。狭义的文化概念是把一种文化作为其他文化的对立体来研究的，这同广义的文化概念有着明显的区别。现在，大多数学者都同意将狭义的或人类学意义上的文化定义为"一个人类群体的生活方式"。

英语中的"culture"也是一个难以解释的单词，它在欧洲几种语言中经历了比较复杂的历史演变。"culture"一词最早来自于德语单词"kultur"，原指土地的开垦及作物的培植，后来衍生为指对人的培养，特指对人的艺术、道德能力和天赋的培养。在《柯林斯高阶英文词典》中，"culture"词条中有两条内容与上述狭义文化的定义相近：①A culture is the total range of activities and ideas of a group of people with shared traditions, which are transmitted and reinforced by members of the group；②a particular civilization at a particular period。这两条定义说明"文化"尤指拥有特定信仰、生活方式或艺术形式的社会或文明，或者是某个组织或群体在某个特定时期的特定习惯和行为方式。美国学者帕特里克·莫兰 (Patrick R. Moran, 2004)提出了他的"文化"定义：文化是人类群体不断演进的生活方式，包含一套共有的生活实践体系，这一体系与一系列共有的文化产品相关，以一套共有的世界观为基础，并置于特定的社会情境中。莫兰的定义与《柯林斯高阶英文词典》中的词条内容大同小异。

胡文仲、高一虹从外语教学角度出发，参照文化人类学者的视角，将"文化"定义为特定人群的整个生活方式，即特定人群的行为及支配行为的价值观念系统。胡文仲等人认为，作为外语教师应关注的"文化"，首先应该是与生活密切相关的、具体的生活方式，特别是与语言交际直接相关的方面。在《课程标准》中，"文化"被界定为"所学语言国家的历史地理、风土人情、传统习俗、生活方式、行为规范、文学艺术、价值观念等"。这个定义是列举性定义，直接界定了"文化"的范畴，一定程度上消除了"文化"概念的模糊性，但是概括性不足。

经分析，笔者认为本书中跨文化交际中的"文化"应取狭义的"文化"概念，可以定义为"人类群体的相对固定的生活方式、价值观念和行为习惯"，其外延包括历史地理、风土人情、传统习俗、生活方式、行为规范、文学艺术、价值观念等。

二、交际

"交际"一词的使用最早见于《孟子·万章下》："敢问交际，何心也？"朱熹注："际，接也。交际，谓人以礼仪币帛相交接也。"后泛指人与人的往来应酬。交际，即人与人之间的交往，通常指二人及二人以上通过语言、行为等表达方式交流意见、情感、信息的过程，是人们运用一定的工具传递信息、交流思想，以达到某种目的的社会活动。

萨莫瓦尔(Samovar)等人曾对"交际"做出如下定义：交际是人类在互相交往中使用符合创造意义和反射意义的动态系统的过程 (转引自肖仕琼，2010)。该定义揭示了交际的本质，即交际是一个动态多变的编译码过程,当交际者依附于言语或非言语符号进行意义传递时,就产生了交际。有效的交际只有在发出信息的人和接收信息的人共享统一或相近的语码系统的情况下才能实现,也就是说交际双方使用同一种语言。交际行为是社会行为,它必然发生于社会之中,它受制于文化、心理等多种因素,并受交际环境甚至社会环境的影响和制约,因此只共享同一语言系统还不够,交际双方对其他相关因素的理解和掌握也十分必要。

在英语中,交际的动词形式是"communicate","communication"是其名词形式,该词来源于拉丁语"commonis"一词。《牛津字典》(*Oxford Dictionary*)对"communicate"的解释为:exchange information,news,ideas,etc with somebody or convey one's ideas, feelings, etc clearly to others. "communicate"翻译过来还有传播、通讯的意思,因此在英语中,"交际"和"传播"是同一个词语。本书使用"交际"译名,因为交际是双向的,交际的双方有说有听、有问有答;而传播虽然有信源和信宿,但是信息可以是单向传输的。交际的形式有语言交际和非语言交际。语言交际是交际双方使用语言实现互动的交际形式;非语言交际是在一定交际环境中不使用语言,而主要使用眼神、手势、面部表情、身体接触等方式实现与对方的沟通交流。非语言交际可以对语言交际表达的意义进行重复、否定、替代、补充、强调和调节等。

本书中的"交际"是指人们利用一定的工具传递信息、交流思想,以达到某种目的的社会活动,包含语言交际和非语言交际两个方面,但是以语言交际为主。

三、跨文化交际

跨文化交际(Inter-Cultural Communication)是一个比较宽泛的概念。广义的跨文化交际不仅包括国家间的文化交际,还包括跨种族、跨民族的文化交际,有人甚至将同一文化圈内不同年龄、不同职业、不同社会阶层、不同教育背景等不同群体间的交际归入跨文化交际范畴。赵爱国、姜雅明(2003)认为,跨文化交际指本族语者与非本族语者之间的交际,也指任何在语言和文化背景方面有差异的人们之间的交际。美国学者拉里和理查德(Larry&Richard,2001)认为,跨文化交际是文化知觉和符号系统的不同足以改变交际事件中人们之间的交际。

我国学者胡文仲教授(1999)将"跨文化交际"定义为"具有不同文化背景的人从事交际的过程就是跨文化交际",并认为跨文化交际可以是国家之间、民族之间、个人之间的交际活动,内容可以涉及政策、政治观点、价值观、风俗习惯、礼貌、称谓等方面,进而把它们分为主流文化、亚文化、地区文化和小群体文化(不同年龄、职业、性别群体的文化),这些都是跨文化交际的研究范畴。但是胡文仲教授认为,在跨文化交际研究中应该首先把眼光集中于国别研究,集中于一个国家中的主流文化的研究,其次才注意它的亚文化和地区文化特点。

本书使用的"跨文化交际"概念是指本族语者和非本族语者之间的跨国性的交际,比如说汉语的中国学生与说英语的美国或加拿大等国家的学生之间的交际,即胡文仲教授所说的不同国别之间并且是不同母语之间的跨文化交际。本书定义的"跨文化交际"必须符合以下几个特点:①交际双方必须有不同的文化背景,这种文化背景首先是国别背景;②交际双方的母语必须不同,比如交际的一方母语是汉语,另一方母语是英语;③交际双方必须使用同一种语言进行交际;④交际双方进行的是实时的口语交际或借助于通信媒体的书面语交际(如电子邮件等)。

四、跨文化交际素养

跨文化交际是一种复杂的社会现象,一次成功的跨文化交际行为要以交际双方良好的跨文化交际素养为前提。什么是跨文化交际素养?定义这一概念,需要从理解素养的概念开始。

所谓素养,《辞海》中有两个解释:①经常修习涵养。《汉书·李寻传》载:"马不伏历(枥),不可以趋道;士不素养,不可以重国。"素养,亦指平日的修养,如艺术素养、文学素养、信息素养等。②平时所豢养 。与素养对应的英语单词是"literacy",该词在《新牛津英英词典》(*New Oxford English-*

English Dictionary,简称《新牛津词典》)中有两个解释:①the ability to read and write;②competence or knowledge in a specified area,such as computer literacy 。这两个解释的意思分别是:①能读会写的能力;②某一特定领域中的能力或知识,如计算机素养。

本书中"素养"一词应该取《辞海》中的第一个定义或者《新牛津词典》中的第二个解释,即成功进行跨文化交际所需要的素质和涵养。

跨文化交际素养首先需要有积极的跨文化交际意识或态度,或者说交际者对跨文化交际比较敏感,认同异国文化并愿意与外国人交际;其次要有一定的跨文化交际知识;最后还要有跨文化交际的能力或技能。因此,跨文化交际素养应该包含跨文化交际意识、跨文化交际知识和跨文化交际能力三个部分。跨文化交际素养的构成可以用图2-2来表示。

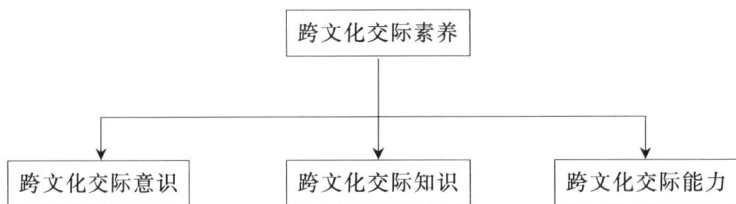

图2-2 跨文化交际素养的构成要素

跨文化交际意识是指交际主体对异国文化与本国文化异同的敏感度,及使用外语时根据目的语文化来调整自己的语言理解和语言产出的自觉性,包括对待跨文化交际的情感、意愿、需求和动机。交际焦虑、对待其他文化的态度、民族中心主义、偏见等都可能成为影响交际意识的因素。如果对交际的恐惧、厌恶与焦虑占据了主导地位,即使交际者具备交际知识,也会不自觉地躲避交际;相反,如果对交际充满信心与兴趣,即使交际知识上稍有欠缺,也会积极地参与交际,从而在实践中提高交际能力。

跨文化交际知识是指为了使跨文化交际成功进行所需要了解的信息。一个优秀的跨文化交际者不仅需要了解交际对象、交际规则、交际情境的相关信息,还需要了解其他文化成员对交际的预期。如果缺乏相应的知识,交际者就会犯错误,可能违反交际规则,甚至可能会失礼,而且即使出现这样的情况,交际者也不会意识到,更不可能及时地改正自己的错误。

跨文化交际能力是指进行得体的、有效的跨文化交际所需具备的行为技能。具体来说,交际者应具有很强的灵活性和适应能力,能对交际的结果做出预测;能够坦然面对不确定的交际环境,善于调整心态,勇敢面对文化冲突或跨文化交际可能带来的不愉快;能够从对方的角度去理解和处理交际情形等。

简单的说,跨文化交际素养包含意识、知识和能力三个层面,其中,意识层面涉及情感态度,即对跨文化交际喜不喜欢、愿不愿意、敏不敏感;知识层面涉及对目的语文化知识和跨文化交际规则的了解和掌握,即知不知道;能力层面涉及跨文化交际的行为和技能,即能不能做、做得对不对、做得好不好。

五、跨文化交际能力

前文已经在跨文化交际素养的构成要素中界定了跨文化交际能力,即进行得体的、有效的跨文化交际所需具备的行为技能。但是为了不引起歧义,还需要说明的是,本书使用的"跨文化交际能力",与斯匹茨伯格(Spitzberg)、吉米(Kim)、拜伦(Byram)、陈国明(Chen)等学者界定的跨文化交际能力不是同一个范畴的概念。斯匹茨伯格(1994)认为跨文化交际能力由知识、动机和技巧三个因素构成,三个因素相互影响、相互依存。陈国明(1994)认为跨文化交际(沟通)能力的"最新最完整的模式"包括认知、情感和行为三个层面。吉米(2001)也认为跨文化交际能力由情感、认知和行为三个因素构成。拜伦(1989)提出了跨文化语言交际能力培养的知识(knowledge)、态度(attitude)、技能(skills)三个方面的目标。受几位学者观点的影响,目前学术界对"跨文化交际能力"概念的使用出现了泛化现象,概念的外延被不断扩大。无论我们从汉语的"能力"一词还是从英语

"competence"一词来考察,均发现包含了情感、知识和行为的"跨文化交际能力"已经超出了概念自身所能包含的范畴。因此,本书中的"跨文化交际能力"特指跨文化交际行为技能。但是,因为部分学者在研究中使用的是"跨文化交际能力",所以如果不特殊说明,在文献综述中提到的"跨文化交际能力"指的是包含情感、认知和行为三个层面的"跨文化交际能力"。

六、"一对一"网络环境

"一对一"网络环境是指每人拥有一台能够联网的计算机的网络环境。佩珀特(Papert)曾说过:"当每个人都买得起铅笔时,学习方式将会随之改变。"同样,当每个学生都拥有一台能提供丰富的教学资源、具有强大的多媒体信息处理能力和实时交互功能的计算机时("One to One",即"一对一",简写为"1:1"),我们的教学更会发生翻天覆地的变革。"一对一"是一个形象的描述概念,指的是每位学生拥有一个电脑化装置来帮助其学习。"一对一"网络环境是利用网络技术,将若干台多媒体计算机及相关设备互联成小型教学网络环境,教师和每位学生都有一台计算机可随时上网,实现在线教和学。在这一共享的教和学环境中,学生和教师均可借助电脑和软件进行互动、协作,以提高学生的学习效率和改善课堂体验。

刘俊生、余胜泉梳理了国内外在"一对一"网络环境中开展的一些有代表性的教学研究项目,主要包括:①随时随地学习项目(Anytime, Anywhere Learning, AAL),这是微软学习门户项目的一部分,该项目的宗旨是学生可以利用"一对一"的计算机设备随时随地学习;②缅因州学习技术创新项目(Maine Learning Technology Initiative, MLTI),这个项目源自缅因州的一份教育报告 Teaching and Learning for Tomorrow: A Learning Technology Plan for Maine's Future,该项目为每位中学教师和学生提供一台可以联网的数字设备,探索技术融入课堂的策略和途径;③"一童一机"项目(One Laptop Per Child, OLPC),这是由尼葛洛庞帝(Negroponte)领导的一个公益项目;④北京师范大学何克抗教授主持的网络环境下"基础教育跨越式创新发展试验"课题(简称"跨越式"项目)。

此外,近几年来"一对一"网络环境中的教学和学习实践在新加坡取得了很大进展,自从 2006 年新加坡提出"智慧国计划"(IN2015)并发布其"未来学校计划"以来，先后有新加坡科技中学 (School of Science and Technology of Singapore)、克信女中 (Crescent Girls School) 和重辉小学 (Beacon Primary School)等学校加入"未来学校计划"中的"一对一"教学实验。以克信女中为例,这是一所完全成熟的"智慧学校",每个学生使用平板电脑进行学习，技术支持的个性化学习是其学生学习生活的一个组成部分。这些互动式数字化媒体支持下的"一对一"计算机学习环境,有效地促进了学生 21 世纪技能的发展,同时教师也参与到技术支撑和教学实践创新的研究之中。

2010 年,经济合作与发展组织(OECD)出版了研究报告《教育中的一对一:当前的实践、国际比较研究证实及政策启示》,对过去一段时间内发达国家和发展中国家推动的"一对一"教育项目(每一个孩子都拥有自己的计算机设备)开展国际比较研究。报告认为,针对以往使用"信息通信技术"(ICT)的教育状况,这些"一对一"项目代表了一种质的进步,因为每个孩子都配备了无处不在的个人设备(通常是笔记本电脑、上网笔记本电脑或掌上电脑)用于个人学习。

综上所述,本书将"一对一"网络环境界定为每个学生拥有一台能够联网的计算机的教学环境。

第二节　语言、交际与文化的关系研究

一、语言与文化的关系

国外学者关于语言与文化关系的观点主要有三种:语言决定论(语言决定文化)、文化决定论(文化对语言的影响和制约作用)和语言文化双向影响制约论(语言反映文化,文化同时也影响和制约语言)。

萨丕尔(Sapir,1929)与沃尔夫(Whorf,1956)是语言决定论的代表人物。萨丕尔阐述了他的语言文化观:人类生活的社会受到人们所说的语言的操纵和控制,说两种不同语言的人生活在截然不同的世界里。沃尔夫提出了"语言决定论"和"语言相对论"。可见,萨丕尔和沃尔夫都强调语言在文化整体性的建立过程中扮演着相当重要的角色,语言不仅反映与传达文化,更是人类思想、信仰及态度、行为的塑造者,语言的差异决定思维的差异。

"文化决定论"的代表人物是博厄斯(Boas),他的语言文化关系理论认为,语言表达同人们生活方式的需要有着密切的联系,生活方式决定言语形式,即文化决定语言、思维决定语言。

美国语言教育家克拉姆奇(Kramsch,1998)曾用"一个硬币的两面"来比喻语言与文化之间的关系,她认为语言与文化具有双向影响和制约的关系,语言表达文化,体现并象征文化现实,文化则是语言形成和发展的基础。

二、交际与文化的关系

文化与交际的关系是不可分割的。霍尔(Hall,1959)曾用"文化即交际,交际即文化"来概括文化与交际的内在关系。一方面,文化决定交际,因为文化不仅是交际的基础,还能决定交际的行为;另一方面,文化的传播与发展又取决于交际,人们是通过社会交际活动才习得语言和文化能力的。我国学者贾玉新(1998)认为:"文化是冻结了的人际交流,而交际是流动着的文化。"这一描述说明了文化与交际之间的水乳交融。

三、三者之间的关系

费拉罗(Ferraro,1995)认为文化"是一个社会中成员共同拥有、思考和所做的一切"。这个定义说明语言和交际是文化的一部分,即语言、交际、文化是不可分割的整体,语言反映人们的价值观念、生活方式和思维习惯,社会文化的发展变化是语言赖以生存和发展的基础,交际则是联系语言和文化的纽带。

四、小结

语言、交际和文化之间相互联系、相互影响，构成了"三位一体"的关系。语言学家科廷(Curtin,1979)认为：语言学习的成功与否取决于学习者融入"目的语环境"的程度，这种"环境"从某种意义上来讲就是文化环境。人们的交际活动都是在一定的社会文化环境中进行的，学生在学习英语时要结合英语的社会文化背景进行。语言学家麦克劳德(Mcleod)在1976年就提出"教授一种语言就是教授一种文化"的观点。上述论断给我们的外语教学提供了很多启示，启发我们在外语教学中要处理好三者之间的关系。

第三节　文化教学在跨文化交际素养培养中的作用

文化教学理论源于人们对语言功能的新认识和语言与文化关系研究的新成果，是针对传统教学中只注重语言本身和语言教学的弊端而言的。文化教学是外语教学的一部分，是外语教学的基本原则，也是外语教学的重要内容和有效手段。在外语教学中渗透和融入文化教学，可以优化学生的知识结构，让学生学习目的语国家的历史、地理、政治、经济、教育、社会制度、生活方式、风土人情、民族习俗等知识，培养学生的跨文化交际意识，提高跨文化交际能力。

一、国外研究状况

国外学者认为文化教学具有重要作用。

查斯顿(Chastain,1976)认为进行文化教学的原因是：

(1)是否具备与外国人交往的能力，不仅取决于外语技能，还取决于对对方文化习俗和预期的理解；

(2)在相互依赖的现代国际社会中，教育的基本目的之一就是跨文化理解；

(3)外语学习者对讲所学语言的人有极大兴趣。

拜伦和利沙格(Risager,1999)将外语教学中的文化归纳为三种：

(1)Ca(Culture a)：语用和语义中的文化；

(2)Cb(Culture b)：语言使用的宏观环境(即文化环境)；

(3)Cc(Culture c)：作为外语教学篇章主题内容的文化。

其中,Ca 指的是外语中显性功能意义上的文化；Cb 指的是文化环境,是广义上的文化；Cc 则是指文化知识。这三种文化教学在外语教学中有着不同的作用,Cc 的教学可以丰富学生的跨文化知识,Cb 的教学可以培养学生的跨文化意识, 而 Ca 的教学可以提高学生的跨文化交际能力。通过恰当的讨论主题、阅读篇章、交际任务和活动设计,将 Ca、Cb、Cc 结合起来, 就可以达到用文化教学将语言教学与跨文化交际素养培养有机结合起来的目的。

二、国内研究状况

胡文仲教授认为,文化教学是外语(英语)运用的基础,是克服文化差异的途径,也是实现语言交流的关键。

浦小君教授认为, 文化教学可以帮助学生正确认识和理解不同文化的行为功能, 帮助学生了解目的语国家人们的日常生活习惯及言语行为方式,帮助学生了解目的语常用词汇的文化内涵；通过大量听和看具有不同文化背景的人们用外语谈话、对话的录音和录像,学生可以了解不同文化背景下人群的言语方式和交际规则。

三、小结

国内外相关研究均表明,在外语教学中进行文化教学是非常必要的。在文化教学的过程中,随着文化学习的不断深入,学生的跨文化体验不断增多,学生会在情感、认知和行为等方面发生改变,这种改变是对促进成功的跨文化交际的预期, 跨文化交际素养就是在这个改变过程中逐渐培养形成的。由此我们得到启示,文化教学在外语教学中是很重要的,文化教学是培养学生跨文化交际素养的重要手段和必经途径。

第四节 文化教学模式的相关研究

文化教学模式是指在文化教学中采用的相对稳定的教学活动框架、策略和方法的组合。国内外学者对文化教学模式进行了研究,取得了一些成果。

一、国外研究状况

20世纪80年代,受海姆斯等人的交际理论的影响,外语教学的目的发展成为如何提高学习者的交际能力和跨文化交际能力。在这一教学目的的转型过程中,一些学者提出了文化教学的模式和方法。陈申列举了国外的几种模式,包括地域文化兼并模式、模拟交际实践融合模式、多元文化互动综合模式,但是这几种模式并不常用。在文化教学中,比较有代表性的教学模式包括跨文化交际能力模式 (Intercultural Communicative Competence,ICC)和体验学习圈模式(Experiential Learning Cycle,ELC)。

跨文化交际能力模式是由拜伦在1989年提出的一种文化教学模式,其结构如图2-3所示。

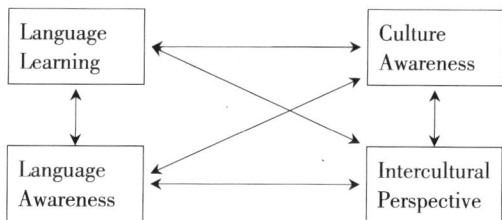

图 2-3 跨文化交际能力模式

该模式将语言学习、语言意识、文化意识、跨文化视角融合起来,采用跨文化视角来教授语言,在语言学习中将文化意识和语言意识整合起来;通过跨文化视角的体验学习,学习者了解了看待世界的不同观点,这样又促进了语言学习、语言意识和文化意识的发展。拜伦(1989)还指出,文化教学应当在教学方法上强调"文化对比"以及"学以致用",在教学内容的选择上强调层次性。

科尔布(Kolb,1984)最先提出了一种"体验式"教学方式,该方式包括四个阶段,即 Concrete Experience—Reflective Observation—Abstract Conceptualization—Active Experimentation。第一阶段,学习者经历了各种文化学习的体验;第二阶段,学习者对发生的事件进行思考,进而描述发生的事件,学习者此时还停留在事实表象阶段;第三阶段,学习者通过发展自己总结出来的或是从其他渠道获得的解释或理论,来确定其所体验的意义;第四阶段,学习者通过调整个人学习目的、变换体验的内容及形式等方式重新体验。

帕特里克·莫兰(2004)在科尔布的基础上丰富了文化体验教学模式。他认为,文化体验是外语教学中文化教学的主要特色,外语教学本身就是一种对外国文化的体验,因此他建议文化教学应运用体验式教学方式。帕特里克·莫兰从学习者的视角描述了体验教学方式的流程,如图 2-4 所示。

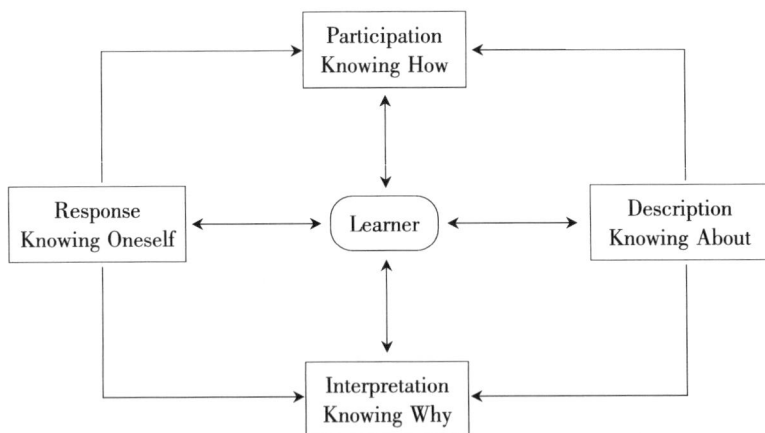

图 2-4　体验学习圈教学方式

第一阶段 Concrete Experience 又被称为 Participation,强调 Knowing

How；第二阶段 Reflective Observation，又被称为 Description，强调 Knowing About；第三阶段 Abstract Conceptualization 又被称为 Interpretation，此时学习者关注 Knowing Why；第四阶段 Active Experimentation，又被称为 Response，强调 Knowing Oneself。在 Participation、Description 和 Interpretation 阶段，学习者的注意力集中在文化上；而在 Response 阶段，学习者的注意力已转移到自身。然后，这四个阶段不断循环、螺旋上升，形成体验学习圈(Experiential Learning Cycle，ELC)。这种模式的关键是教师有意识地鼓励学生体验与所学语言相关的文化，利用活动(观看外国电影、参观外国文化展、与外国朋友用电子邮件沟通或网络聊天等)让学生切身体验异国文化。

二、国内研究状况

我国的跨文化交际研究虽然起步较晚，但发展很快，很多学者在借鉴外国模式的基础上，结合我国国情提出了自己的文化教学模式或途径。

北京外国语大学的文秋芳教授(2005)在交际能力理论的基础上提出了跨文化交际能力模式，认为跨文化交际能力包含交际能力和跨文化能力，强调了跨文化能力的培养及其在跨文化交际中的突出作用和内涵，为跨文化交际教学奠定了理论基础。杨盈、庄恩平(2007)构建了跨文化交际能力框架，包括全球意识、文化调试、知识和交际实践，并以跨文化交际能力框架为依据，提出外语教学培养跨文化交际能力的"四合一"模式，即意识发展、文化调适能力培养、知识传导和交际实践能力锻炼相结合。徐琰(2011)提出了跨文化交际教学的三维互动协作式交际教学模式，该模式包括协作式课堂交际教学、协作式实践交际活动和协作式教学交际支持三个维度。刘晶(2006)构建了"交际—结构—跨文化"的英语教学模式，在训练听、说、读、写等语言技能的同时，通过贯穿始终的中西文化对比，使学习者获得跨文化交际能力。汪火焰(2012)在其博士论文中构建了基于跨文化交际的大学英语教学模式。蒋红和樊葳崴(2002)提出了以综合技能训练为基础、以"文化丛"为核心、以实践为导向的大学英语限选课的

SCCP 教学模式,以培养学生的跨文化交际意识和提高他们的跨文化交际能力。肖政(2005)提出了 PTPC 模式,即以主题为单元(Project-based)、以任务为驱动(Task-motivated)、以解决问题为目的(Problem-solving-oriented)、以合作学习为核心(Cooperative-learning-centered)的教学模式。谢芹(2006)提出了运用 DMIS 模式拓展外语学习者跨文化能力的方法,所谓 DMIS 模式是指 Developmental Model of Intercultural Sensitivity,即跨文化敏感度发展模型。谢芹认为 DMIS 模式有助于拓展外语学习者的跨文化能力,她基于该模式设计了一系列提升跨文化敏感度的培训包。

在小学阶段的英语文化教学中,李星娟(2004)认为可以通过词汇学习、文化比较、学习园地、英语广播、主题活动和社会实践渗透文化意识,培养小学生的跨文化交际能力。鲁子问(2004)认为,教师可以采取"显性文化教学—隐性文化教学—专题文化教学"相结合的模式和方法,为学生创设一种浓郁的文化氛围,追求一种"此处无声胜有声"和"润物细无声"的效果,具体来说:①显性文化教学就是让学生学习和观察显性的文化教学内容,当学生具有一定的英语表达能力之后,鼓励学生积极参与文化元素的讨论,注重学生在观察和分析过程中的文化体验,既要让学生形成开放的、宽容的文化心态,又要避免盲目排外、妄自尊大的不合理的文化心态。②隐性文化教学是指不深入挖掘潜藏于教学内容中的文化因素,只是侧重于语言本身的教学,通过帮助学生理解教学内容来领悟蕴含其间的文化因素。③专题文化教学是一种将英语学科的教学内容与其他学科的教学内容进行有机整合的文化教学途径,是主题鲜明、以英语作为工作和学习语言的教学活动,例如教师可以组织学生就美式食物、西方节日等主题进行专题文化教学。

高一虹(2000)批评了现阶段我国跨文化交际能力培养中的两种模式:行为中心模式和知识中心模式。她认为,行为中心模式只关注交际行为本身和交际结果,太执着于具体目标;知识中心模式则集中于认知层面,主要向学生灌输相关文化知识,难以让学生产生切身体验,而且还不适用于处理文化的多元性和动态性,传授的文化知识容易变成"定型"或

"刻板"(stereotype),反而不利于跨文化交际能力向较高层次发展。借助于中国古代哲学思想,高一虹于 2000 年提出了跨文化交际能力理念和培养模式,认为跨文化交际能力有"道"与"器"之分,"道"乃交际主体的基本取向,"器"则是具体的交际技巧与方法,"道"高于"器"且寓于"器","道"同而"器"异;在跨文化交际能力的培养中,应改以"器"为中心为以"道"为中心,由"器"而得"道",得"道"而忘"器"。2002 年,高一虹将"器"与"道"的概念发展为直接的、表面的跨文化交际能力和深层的、终极的跨文化交际能力两个层面,与此相对应,跨文化交际能力的培养也有文化的"跨越"和"超越"两个层面。

三、小结

综上所述,国内外对文化教学模式的研究已经有很多成果,据不完全统计有 100 多种教学模式。无论是国外的模式(如 ICC 模式和 ELC 模式)还是国内的模式(四合一模式、三维互动协作模式等),都是在研究传统教学的基础上提出的。虽然学者们形成了一定的共识(文化教学的多模态和层次性),但是这些模式大部分都是理论层面的,或者说是指导思想,其特点是宏大叙事,类似于高一虹所说的"道",对小学英语教师来说理论性太强,不好把握,不具有教学程序上的可操作性。从技术与教学融合的视角来看,这些模式没有体现信息技术的应用,信息技术对教育具有的革命性作用没有得到发挥。因此,信息时代的文化教学应该充分利用信息技术提供的强大功能,将文化教学与信息技术应用进行深度融合。

第五节　跨文化交际素养的测量和评价

当学生接受了文化教学以后, 他们是否具备了一定的跨文化交际素养?如何测量和评价学生的跨文化交际素养呢?这便涉及跨文化交际素养的测量和评价。国内外学者在跨文化交际素养的测量和评价方面进行了一些探索。

一、国外研究状况

根据拜伦和摩根(Morgan)等人以及 ISP 等项目的研究,共有六个文化教学变量:环境变量(setting variables)、教师变量(teacher variables)、学习者变量(learner variables)、教学法变量(method variables)、教材变量(curriculum variables)、测试变量(assessment variables),因此,测试(评价)变量是文化教学的六个研究变量之一。

针对跨文化交际素养的测量,国外学者进行了一些研究,主要在跨文化敏感度、跨文化交际敏感度、跨文化交际意识、跨文化发展等方面编制了一些量表(见表 2-1)。

表 2-1 国外学者编制的跨文化交际素养量表

序号	量表简称	量表全称	开发者	开发时间(年)	量表维度	适用人群
1	I3CAI	Interpersonal Interaction And Inter Cultural Adaptation Inventory	Ruben	1979	情感、知识取向、交际姿态、交际管理、对交际模糊的宽容度	海外技术人员与配偶
2	DCT	Discourse Completion Test	Blum-Kulka	1982	语用能力	特定职业人员
3	BASIC	Behavioral Assessment Scale For Intercultural Communication	Koseter & Olebe	1988	行为、技能(包含 9 个项目)	普通跨文化交际者
4	ICSI	Intercultural Sensitivity Inventory	Bhawuk & Brislin	1992	情感、认知、行为	普通跨文化交际者
5	ICCS	Inventory of Cross Cultural Sensitivity	Cushner	1997	文化融合、行为、知性交互、态度、移情	普通跨文化交际者
6	IDI	Intercultural Development Inventory	Bennett & Hammer	1998	认知能力	美国、欧洲和亚洲的跨文化交际者
7	ISS	Intercultural Sensitivity Scale	Chen & Starosta	2000	交际参与度、差异认同感、交际信心、交际愉悦感、交际专注度	普通跨文化交际者
8	MPQ	Multicultural Personality Questionnaire	Vander Zee & Van Oudenhoven	2001	文化移情、开放度、情绪稳定性、灵活性、社交主动性	留学人员和驻外人员

上述量表中,跨文化敏感度量表(Intercultural Sensitivity Inventory)用于测量个人主义和集体主义两种文化在情感、认知和行为层面上的跨文化敏感度,然而这份量表缺乏一定的信度。1997 年,库什纳(Cushner)创建了跨文化交际敏感度量表(Inventory of Cross Cultural Sensitivity),包含 32 个测试项目、5 个分量表,但卢(Loo)在 1999 年证明其具有较低的内部效度。1998 年,本内特(Bennett)和汉默(Hammer)在其跨文化敏感度发展模型(DMIS)的理论基础上,发展了跨文化发展测量问卷(Intercultural Development Inventory),成为比较有效的测量方法,该问卷在美国、亚洲和欧洲被广为使用。这份问卷虽然具有较高的信度,但仅包括认知能力,因此斯帕罗(Sparrow)认为在定义跨文化学习成功与否时,这份问卷还应该包括社会和情感因素。陈(Chen)和斯特罗斯塔(Starosta)根据跨文化敏感的六要素概念框架,采用因子分析的方法,开发出了跨文化敏感度测试量表(Intercultural Sensitivity Scale),包括 24 项 5 点量表,分别对构成跨文化敏感的五个不同层面的变量——交际参与度、差异认同感、交际信心、交际愉悦感和交际专注度进行测量。尽管这一量表中的某些概念还有待于进一步改善,但其效度和信度都达到了比较理想的水平,是目前国际上少数具有较高可靠性的跨文化敏感度测试工具之一。弗里茨(Fritz)的研究证明,该量表适用于各种文化,其克伦巴赫系数(Cronbach's alpha)达到0.88。

二、国内研究状况

胡文仲(1994)是我国最早从事跨文化差异调查和测量的专家,他使用自己编制的调查问卷,将 20 位在中国高等院校从事教学工作的美国人和 20 位在美国大学深造过 1~2 年的中国高校教师作为研究对象进行了调查,结果表明,中国文化和西方文化之间的差异是显而易见的,然而在外语教学中我们过分重视了语言的训练,却忽视了文化的习得。王振亚(1990)是国内较早涉及跨文化测试研究的专家,他使用了一套规模为 60 题的社会文化测试卷,测查了被试在"普通文化"(即社会习俗)和"正式文化"(即政治、地理、历史、文学、宗教等学科)两方面的知识和能力,研究表明，被试的社会文化测试成绩与语言测试成绩之间存在极显著的差异。施家炜(2000)通过问卷调查，探讨了跨文化交际意识与二语习得以及学习动机之间的关系。钟华(2001)等人对150名已经通过大学英语四级考试的非英语专业学生进行了社会文化能力的调查。刘宝权(2004)在其博士论文中，使用问卷调查了高校英语教师对文化教学与测试的态度与看法，并设计了一份文化测试试题，将其嵌入上海外国语大学二年级学生的期末考试试卷。北京语言大学杨洋的博士论文在对跨文化交际能力进行界定的基础上，论述了跨文化交际能力测试的必要性和可行性，从跨文化交际的意识、知识和技能三个维度编制了一份"跨文化交际能力调查问卷"，在此基础上开发了一份"跨文化交际能力测试试卷"，该试卷包括120个题目，涉及文化常识与交际常识、交际知识、交际技能。

三、评述

国内外学者在跨文化交际素养的测量方面均取得了一些研究成果。国外学者对跨文化交际素养测量的研究比较深入，开发了一些测量工具，如跨文化发展测量问卷、跨文化敏感度测试量表等，均具有较高的信度和效度，但其研究范畴只涉及跨文化交际素养的某一个或两个方面，没有全面包含跨文化交际素养的意识、认知和行为三个层面，如跨文化发展测量问卷限于认知能力层面，而跨文化敏感度测试量表则限于情感意识层面，因此在其研究中使用的术语一般都是"跨文化敏感度"或"跨文化发展"等。

我国的跨文化交际研究起步较晚，一些理论都是从国外直接翻译引进的，尤其是在测量和评价方面，目前还没有比较成熟的测量工具，即使有些学者在该领域内做了一些本土化研究，编制了一些问卷，大部分也是基于文献研究或者教学经验，而且研究的侧重点各有不同，有些是侧重社会文化能力，有些是侧重语用能力。这些调查或测试的对象都只是跨文化交际素养的一个或几个方面，并没有做到全面测查。此外，已有的大部分量表和问卷都是针对大学生，专门针对小学生跨文化交际素养的量表和问卷很少。现有的这些国内外量表和问卷如果用于我国小学生跨文化交际素养的测量,从测量工具的完备性和适应性上来看,肯定是不完备而且是不合适的。

第六节　信息技术在跨文化交际素养培养中的应用

　　信息技术对教育具有革命性影响。在信息时代的教育中,信息技术要为教育教学服务,实现技术与教学的双向深度融合。以网络和多媒体技术为代表的信息技术,以图、文、声、像并茂的新颖形式为外语教学提供了生动而逼真的外语活动情境,学生在耳濡目染中加深了对语言知识的理解,更为直观地体验利用目的语进行的交际活动。信息技术可以将学生带入一个真实的英语世界,像体验母语那样去感受英语文化,从而拓宽文化视野,增强跨文化交际意识,丰富跨文化交际知识,提高跨文化交际能力。教师可以利用现代网络媒体,让学生与国外的同龄人进行基于以计算机为媒介的交际(Computer-Media Communication,CMC),或者让学生观看反映西方文化的经典英文影片。此外,从交际的角度来看,外语学习本身就是一种跨文化的学习和跨文化的交际活动。信息技术为跨文化交际教学带来了一场革命,在培养学生跨文化交际素养方面大有可为。

一、信息技术促进跨文化交际素养培养的优势研究

　　信息技术促进跨文化交际素养培养的理论研究,源于应用语言学视角中关于信息技术在文化教学中应用优势的探讨。早期带有行为主义倾向的应用语言学家认为,信息技术在跨文化交际素养培养中充当了教学媒体的作用。根据媒介(媒体)丰富度理论(Media Richness Theory),在文化教学中使用信息技术能够实现立即回馈、传送多重线索、使用自然语言等功能,使用电子邮件、视频会议、Skype 等技术进行跨文化交际教学,其媒体丰富度明显高于传统纸本印刷媒体。信息技术为文化教学提供了生动而逼真的教学情境,让学生更为直观地体验利用目的语与本族语者(Native Speakers,此处指以英语为母语的人)进行交际活动,从而培养学

生的跨文化交际素养。

早在 2001 年,何高大在《多媒体技术——跨文化交际的革命》一文中就指出:"多媒体技术使跨文化交际媒体多样化, 使跨文化交际的模式和类型多样化,使跨文化交际环境一体化,并冲击着人们的交际观念,多媒体技术扩大了跨文化交际的功能,使跨文化交际的障碍变得越来越小,改变着构建跨文化交际的理论研究。"多媒体技术同样变革了文化教学的教学内容、形式和方法,通过欣赏反映西方文化的经典英文影片,学生能了解到西方国家的传统习俗、风土人情、生活方式、行为规范和价值观念等,学到许多与目的语文化相关的语言交际的方法和手段, 并有助于其正确认识东西方文化的差异,培养其跨文化交际意识和能力。

网络媒体可以实现学生与外国人的直接交流,以计算机为媒介的交际(CMC)被应用于外语文化教学,可以实现实时交际(Synchronous Communication)教学和非实时交际(Asynchronous Communication)教学。拉福德(Lafford,2009)认为 CMC 既可以采取将统一文化内的外语学习者组织起来进行课堂内外的电子讨论的形式, 也可以组织外语学习者与处在不同文化目的语的本族语者或非本族语者建立和维系社交网络, 进行各种形式的学习和活动。

二、信息技术促进跨文化交际素养培养的策略研究

信息技术的应用并不能完全促进跨文化交际素养培养效果的提升,更不能独自驱动文化教学模式的变革,效果提升和模式变革更主要地依赖信息技术的使用策略。学者们针对信息技术促进学生跨文化交际素养培养策略进行了研究,提出了若干有效策略,包括基于技术的资源策略、交际策略和协作策略。

基于技术的资源策略(Resources Strategy)主要是指基于多媒体和网络技术为教师教学提供教学资源,为学生学习提供学习资源。琼斯(Godwin Jones,2005)认为,在网络环境中培养学生的跨文化交际能力,除了教科书以外, 应该更多地借助网络技术为学生提供真实而丰富的在线文化

语料。常见的语料形式以音视频和网页为主,要根据学生的个性化需求将这些资源分为不同的类别和级别,按照不同的文化专题放置到教学网站或学习社区,供学习者下载使用。

基于技术的交际策略(Communicative Strategy)主要是指依据文化互动理论,使用信息技术提供的通信手段,实现不同地域甚至不同文化背景下的人际交流。交际是双方语言的输入和输出不断交换和互动的过程,根据克拉申(Krashen)的语言输入假说(Input Hypothesis)和斯温(Swain)的语言输出假说(Output Hypothesis),基于技术的交际策略认为在交际中应该利用信息技术为学生提供一些可理解的文化输入,并为学生提供利用技术进行交际的机会,进行表达和输出,学生可利用信息技术手段与目的语者交朋友,比如通过电子邮件、Skype 或ICQ 等与他们进行跨文化交际,输出并体验目的语文化。

基于技术的协作策略(Collaborative Strategy)是指基于网络技术的合作策略。贝尔茨(J. Belz)认为,使用计算机为媒介进行跨国(跨文化)交际,培养外语学习者的跨文化交际能力是计算机支持的协作学习(Computer Supported Collaborative Learning,以下简称CSCL)的一个重要应用领域,CSCL 有助于学习者共同构建对文化的理解,促进文化教学的开展。CSCL 在文化教学中的协作策略主要包括分组策略、交互策略和评价策略。为了探索具体策略的设计,阿拉里克(Dr. Mara Alagic)和吉布森(Kay Gibson) 提出了利用在线描绘模拟和情景知识库 (Online Cage Painting Simulation and Scenario Repository)的方法,来实现文化教学中的分组、交互和评价等策略,并用试验验证了其有效性。

三、信息技术促进跨文化交际素养培养的实践研究

信息技术促进跨文化交际素养培养的实践研究源自计算机辅助语言学习(CALL)。20 世纪 80 年代,大学里使用 CALL 软件不仅教授学生语言知识,也略带一些文化知识的渗透,这是利用信息技术培养学生跨文化交际素养的初始阶段。计算机网络兴起以后,网络被认为是培养跨文化交际

素养的一条可靠的交互通道。CMC 概念出现以后,利用计算机网络和多媒体技术进行文化教学来培养跨文化交际素养一度流行, 这方面的实践研究也层出不穷。笔者归纳后发现,这些研究主要分属三个类别:信息技术作为文化教学媒体的研究、信息技术作为学生学习跨文化知识的认知工具的研究、基于 CMC 的交际教学的研究。

(一)信息技术作为文化教学媒体的研究

多利(Melinda Dooly)认为,在语言文化教学中运用信息和交互技术(Information and Communication Technology,ICT)是培养学生跨文化交际能力的一条可靠的途径。信息技术作为教学媒体可以呈现文化教学的内容,可以创设文化学习情境,可以为学生提供跨文化学习的资源。

在文化教学内容呈现方面, 采用的信息技术主要包括多媒体交互课件(PPT、Authorware、Flash 等课件)、VCD 视频资源、文化电影、文化学习网站等。在课件中,教师会把文字、扫描图片或来自互联网的图片,与从VCD 或网站上下载的视频、电影、Flash 动画等整合在一起,或者以超链接的形式链接网站,通过大屏幕呈现给学生。

非英语国家的学习者学习英语的最大障碍之一就是没有语言情境,信息技术可以创设学习者学习英语的语言和文化情境。多媒体技术可以呈现来自于目的语文化群体的日常生活场景,尤其是原声影视材料,它们往往都是英语本族语者出于娱乐或教育目的而制作的, 其呈现的是一种真实的、体现原汁原味文化的语言情境,反映了英语国家的生活场景,为学习者提供了真实的文化学习语境。在这样的学习语境中,图像和声音会同时刺激学生的视觉和听觉系统, 学生可以通过听觉渠道获得语言使用者的语音、语调和重音的不同,也可以通过视觉渠道观察到语言使用者的面部表情和肢体动作的变化, 可以同时获得不同文化背景下地道语言的使用和情感表达方式,习得第二语言的同时获得第二文化。

在学习资源的提供方面,信息技术有两种不同的应用方式:一是通过多媒体大屏幕为学生提供文本、音视频、动画、图片等多媒体拓展学习材料,供所有学生进行集体听读;二是在"一对一"环境中,即每个学生利用可联网的电脑,获得若干网络资源,学生可以根据自己的听读能力、学习兴趣选择符合需求的材料进行拓展听读,实现了个性化学习。但是目前很少有针对这两种资源提供方式在教学效果上差异的研究。

钟银雪(Yin Xue Zhong,2010)和沈慧忠(Hui Zhong Shen,2010)通过观察法分析了两节用信息技术进行外语文化教学的英语课。第一节课的主题为"爱迪生与创新",第二节课的主题为"美国的乡村音乐",这两节课都反映了一定的美国文化。研究人员对观察量表分析后认为,信息技术在课堂的复习、呈现、阅读、练习和巩固这五个环节中都有应用,但主要作用不外乎创设情境、呈现内容和提供资源这三种。

此外,国内还有以多媒体和网络等信息技术作为教学媒体促进文化教学的相关研究,这些研究使用的技术类型包括多媒体课件、电影、动画和部分网络平台,笔者将其分为使用多媒体技术和网络技术两个领域并进行了梳理(见表2-2)。

表2-2 多媒体和网络技术在文化教学中的应用研究

研究领域	研究者	时间(年)	技术类型	技术的作用与优势
利用多媒体技术作为媒体进行文化教学	张晋兰、劳利	2000	VCD、多媒体课件	呈现图文音像 创设真实语境 提供学习资源
	何高大	2001	多媒体课件	
	张学仪	2007	多媒体文化电影	
	石诗	2007	多媒体软件、CSCL	
	刘静	2008	多媒体动画	
利用网络技术作为媒体进行文化教学	张艳、杨跃	2006	网络平台	提供网络资源 创设真实语境
	徐峰、董元兴	2010	网络平台	

综观国内外的一些研究后笔者发现,以多媒体和网络为代表的信息技术在文化教学中作为教学媒体的应用,主要凸显了以下优势:创设真实的跨文化学习情境和语境,能够呈现和播放多媒体图文音像材料,提供大量网络资源。

(二)信息技术作为认知工具的研究

随着信息时代的到来,信息技术改变了人类的生活方式和学习方式,同时,人类的认知方式也发生了很大的变化。信息技术不仅介入学习者个体的认知过程，并且主导着学习者个体从传统认知到分布式认知的转变。认知方式的转变是人类适应信息社会复杂性的重要思维特征。根据分布式认知(Distributed Cognition)理论，分布式认知是一个包括认知主体和环境的系统，是一种包括所有参与认知事物的新的分析单元，它分布于个体内、个体间、媒介、环境、文化、社会和时间等之中。信息技术、媒介以及由其创造和组织的数据作为一种分析事物的单元，本质就是一种承载着分布式认知活动的认知工具。

在文化教学中，信息技术除了可以充当教学媒体辅助教师教学外，还可以作为认知工具促进学生的认知和学习，从而促进学生跨文化交际素养的培养。信息技术作为认知工具的研究具有多样化形态，如语料库(Corpus)、学习管理系统(LMS)、维基百科(Wiki)、概念图和在线翻译等。

一些学者提出了一些用于培养学生跨文化交际素养的认知工具，如，赫尔姆(Helm)、弗兰西斯卡(Francesca)和里奥(Liaw)等分别论述了语料库在二语教学和文化习得方面的教学功能和原则；拉维萨(Sara Laviosa)在社会建构主义的总体框架基础上，建构了一种跨文化理论框架，他阐述了该框架的原理，并将语料库用于语言与翻译专业学生的跨文化翻译教学。还有一些研究者在教学实践中让学生使用某种特定的认知工具，以促进学生跨文化交际素养的提升。比如，邹艳菁基于教学实践，提出了基于维基百科平台开展英语文化研究性学习的建议。戴琨的研究则从元认知定义入手，结合跨文化敏感度发展模型，探讨了元认知能力在跨文化交际能力培养过程中所发挥的重要作用，提出了以高端虚拟现实技术为依托的"浸入式虚拟跨文化交际能力培训环境"，以培养学生的跨文化交际能力。卫岭则通过开办"SudaCEO"学习网站、主办由计算机网络支撑的"College English Plus"、建立跨文化交际自主学习网站和影视欣赏资源库等方式，为学生提供丰富的跨文化学习视听资源，学生可随时点播、访问、下载；同时，运用网络 BBS 交流平台和其他网络功能，为学生提供学习环境和认知工具，实现跨文化知识的分布式认知学习，达到双向、多元的交流。

概念图(Concept Graph 或 Concept Map)作为一种重要的认知工具，被诺瓦克(Novak)提出后便广泛应用于教学。霍夫曼(Hoffmann)、米切尔(Michael)等人认为，在外语教学中概念图可以清晰形象地呈现知识结构，学习者可以利用概念图将所学知识进行分类、比较、总结，帮助自身梳理和记忆知识。比如，概念图所具有的知识表征的层次性，能够直观显示概念与概念之间的隶属关系、大小范畴等层次关系或因果、递进、转折、并列、是非等逻辑关系，便于学习者将同一类文化现象中的不同知识和要点的关系揭示出来，将同一文化主题下不同的中西方文化观点进行比较；概念图所具有的扩展性，使学习者可以将音视频、图片、动画和网址等信息以超链接的形式放到概念图中，构建和丰富自己的文化知识结构，将个人的思维有序外化。

上述研究表明，信息技术作为认知工具，在促进学习者的个体认知发展和知识建构方面具有科学的理论基础和可行的实践意义，并且引导学习者从传统认知方式向分布式认知方式转变。

(三)基于 CMC 的交际教学研究

1997 年，道林(D. Dowling)从语言学、社会学和跨文化的视角提出了"以计算机为媒介的交际"(Computer-mediated Communication, CMC)的概念，奠定了利用计算机进行跨文化交际教学的理论基础。CMC 不仅为"一对一"网络环境中的跨文化交际教学提供了科学的理论框架，还提供了天然的技术土壤。韩海燕认为，在网络环境下，教师可以借助以计算机为媒介的网络教学平台，将语言教学与文化教学有机结合起来，创造学生跨文化交际的机会，培养学生跨文化交际的能力。CMC 有以下方式：借助英语学习网站构建自主性学习模式，培养学生对目的语文化的认知能力；在立体化的文化输入、输出情境中，培养学生的跨文化沟通能力；在键友交流活动中培养学生平等地进行跨文化交流的能力；在协作学习环境中培养学生跨文化交际的合作技能。CMC 在文化教学中可以实现实时交际(SCMC)教学和非实时交际(ACMC)教学两种形式，前者主要包括 Skype、Video-Conference、QQ 在线视频、NetMeeting 等，后者包括 E-mail、MOO

(Multiple-user, Object Oriented Domain)、E-Forum、Blog 等。

1.SCMC 教学研究

基于 SCMC 的教学突出了网络信息的实时性和交互性，在教学中受到教师的青睐。布莱克(Robert J. Blake)提出了 SCMC 的四环节教学模式,即确定交际主题、与交际对象联网、基于主题实施交际、文化分析与总结,这是一个可操作性很强的教学模式。上海外国语大学张红玲教授提出了基于计算机网络的跨文化交际能力(CMICC)的概念,她认为 CMICC 为外语教学开辟了新的空间,不仅有利于语言技能的训练,还能促进学生跨文化交际能力的提高。CMICC 具有协作性、信息多模态、突破时空限制等有利于文化教学的诸多特性,在外语文化教学中具有很大潜力。李玲玲在此基础上构建了网络跨文化交际能力模型 CMICC,并分析了模型的三个组成部分。2006 年,张艳、杨跃进行了利用网络将课堂教学、网络自主学习和小班口语约课有机融合进行文化教学的研究。同年,王小凤、肖旭华也提出了利用多媒体、网络虚拟情景和实时在线交际培养跨文化交际技术能力的原则和方法。2011 年,加利福尼亚大学的多萝西·M.春(Dorothy M. Chun) 利用 SCMC 方式在美国和德国的两所大学做了一项实证研究,该研究选择了在一所德国大学学习英语和在一所美国大学学习德语的两个班级的大学生,通过行动研究和准试验,验证了基于计算机的交际教学在提升大学生跨文化交际能力方面的作用。

SCMC 模式主要依靠计算机网络作为交际媒介，学生通过 Skype、NetMeeting 和 QQ 等实时互动软件,与学习伙伴、教师或国外朋友进行在线(跨文化)交际,及时解决他们在学习语言或文化中遇到的问题。基于 SCMC 的交际教学有利于学生直接体验跨文化交际实践活动,因此被认为是一种比较有效的培养学生跨文化交际素养的方式。但是 SCMC 模式也存在一些弊端:首先,实时跨文化交际对象的获得存在困难,个别的交际对象可以依靠学生或教师在国外的亲戚、朋友帮忙介绍取得联系,以班级为规模的群体交际对象则很难获取;其次,当通过网络直接面对异国文化并和外国朋友进行交际时,需要在意识、知识和行为技能上有一定的跨文化交际基础,否则学习者将直接面对文化差异和文化冲突,在交际的时候出现"文化休克"现象也就很正常了;最后,很多实时交际存在时差问题。SCMC 模式只适合于个体学习者在课下使用,在班级集体教学中使用 SCMC 存在很大困难。

2. ACMC 教学研究

相对于 SCMC 模式而言,ACMC 模式因为不需要实时在线,学习者不会直接面对文化冲突,时差问题也不会直接影响交际,因此被很多研究者认为是适宜进行文化教学和培养学生跨文化交际素养的"性价比高"的模式(Zhao,Smith,and Tan,2005)。

在 ACMC 模式中,电子邮件、电子讨论区(E-Forum)是最常用的两种技术方式。里奥和奥多德(O'Dowd)的教学实践研究证明了个性化的电子邮件有助于发展学习者的跨文化交际能力(Liaw,1998、2001、2003);肖贝克和特休恩(Shawback & Terhune,2000)的研究也验证了基于网络的在线交互能够提高学生的文化理解能力。2006 年,里奥论述了其使用电子讨论区进行文化教学的研究,验证了电子讨论区在促进"二语(外语)学习者"跨文化交际能力发展方面的效果。他认为电子讨论区能够培养学习者的四种跨文化交际能力:

(1)能够理解异文化生活方式并有愿意将自己的民族文化介绍给他人的兴趣;

(2)视角转换能力;

(3)跨文化交际中自己民族和其他民族的文化知识;

(4)跨文化交际过程的知识。

国内研究方面,牟宜武、朱丽萍、沈渭菊等人以兰州交通大学非外语专业的大一新生英语写作教学为例,对试验组和对照组分别采取跨文化电子邮件交流和传统纸笔写作教学方式实施对比教学研究,试验证明,跨文化电子邮件交流显著提高了学生的写作水平和跨文化交际能力。

博客(Blog)和 Web Quest 等网络平台也可以作为促进跨文化交际的技术方式。邱晓芬以博客为研究平台,分析了其在交际方面的优势及在外语教学中的影响和功能，提出了将博客作为交际平台进行跨文化教学的主张。林宇飞将 Moodle 网络学习平台进行移动化改造，增设文化教学动态管理模块，构建了职业英语跨文化交际泛在学习环境，以系统并丰富的文化资源的输入，培养学生对英语语言及文化的认知能力；通过教学引导、激发学生非言语交际意识，提高学生的跨文化交际敏感度；采用综合文化教学法，提高学生的跨文化交际宽容度；运用英语在线互动功能，提高学生的跨文化教学灵活度。郭雨以案例的形式探讨了 Web Quest 在跨文化交际素养培养中的应用，研究案例中，学生以小组为单位，基于 Web Quest 中各个模块的要求，借助网络查阅资料完成任务，进行交际活动。基于 Web Quest 的文化教学拓展了跨文化交际的教学内容和学生的知识面，学生在实实在在的交流中提升了对文化的认识，也使文化教学具有与社会发展同步的时代性。

此外，国内还有其他关于 ACMC 促进文化教学、培养学生跨文化交际素养的研究(见表 2-3)。

表 2-3 ACMC 在文化教学中的应用研究

研究领域	研究者	时间(年)	技术类型	技术的作用
利用 ACMC 促进文化教学	潘炳信、荣君	2000	电子邮件	创设真实语境实现离线交流
	张艳、杨跃	2006	网络平台	
	刘玉山、胡志军	2010	电子邮件	
	徐峰、董元兴	2010	网络平台	

3.CSCL 教学研究

在文化教学方面，CSCL 也是一种重要的技术使用模式，它是借助自身的协作性来实现跨文化教学信息资源的共享和学习活动的共享。资源共享可以为学生提供更多、更新的信息，使协作小组成为信息接收的整体，加强学习小组的内部凝聚力；活动共享是指通过一系列共享活动，如轮流发言、集体讨论、流线操作等，实现跨文化教学和学习的目标。同时，CSCL 还支持角色扮演，在协作学习过程中，学生能自觉实施监督和自我监督，做到各司其职、荣辱共担。CSCL 文化教学模式构建的一般步骤是：根据教学目标和学习者分析，选择和组织恰当的文化教学资源，组建学习小组,确定学习主题,分配学习任务,创设教学情境,小组协作与交流,小组汇报与教学效果评价等。

非英语国家的学习者学习英语的最大障碍之一就是没有学习英语的语言环境,为了创设学习英语的语言和文化情境,国内外学者尝试利用虚拟现实技术和游戏等方式构建文化教学的虚拟情景,并获得了一定成功。

索恩(Steven L. Thorne)和布莱克(Rebecca W. Black)就是较早倡导利用虚拟环境和游戏(Virtual Environments and Gaming)培养学生跨文化交际能力的学者, 他们在 2007 年就开始利用大规模多用户在线游戏(Massively Multiplayer Online Games,MMOs) 进行跨文化教学的探索试验,并提出了 MMOs 的应用策略。魏怀玺利用虚拟现实建模语言(VRML)等技术构建了关于美国圣诞文化的虚拟场景,成功地创造了丰富、有趣、沉浸式的虚拟学习环境, 并将这一虚拟场景用于高中学生的教学试验,试验证明该场景具有良好的跨文化教学效果(试验班和非试验班学生在该主题上的跨文化交际能力存在显著性差异),从而验证了虚拟现实技术模式在文化教学中的有效性。

4.评述

通过文献梳理可以发现,在基于 CMC 的跨文化交际教学中,信息技术与教学浑然一体,信息技术成为教学中最为活跃的因素。无论是SCMC还是 ACMC,或者 CSCL、虚拟化与游戏化教学,信息技术都发挥了其他任何因素不可替代的重要作用,实现了学习者与目的语者在线或离线的、基于真实语境的交际。在教学实践中,SCMC 和 ACMC 各有利弊,SCMC 即时、高效但成本较高,而且使用中受到某些因素和条件的限制;ACMC 虽然成本低,但时效性差。

四、小结

以多媒体和网络为代表的信息技术在外语教学中的应用掀起了三次高潮。从外语教学的内容和类别来看,信息技术在听力、口语、翻译、词汇教学中的应用研究很多。相比较而言,信息技术在培养学生的跨文化交际素养方面的研究虽然起步比较晚,但也取得了一些成果。笔者通过文献调研,梳理了信息技术促进学生跨文化交际素养培养的相关理论和实践研究(见图2-5)。

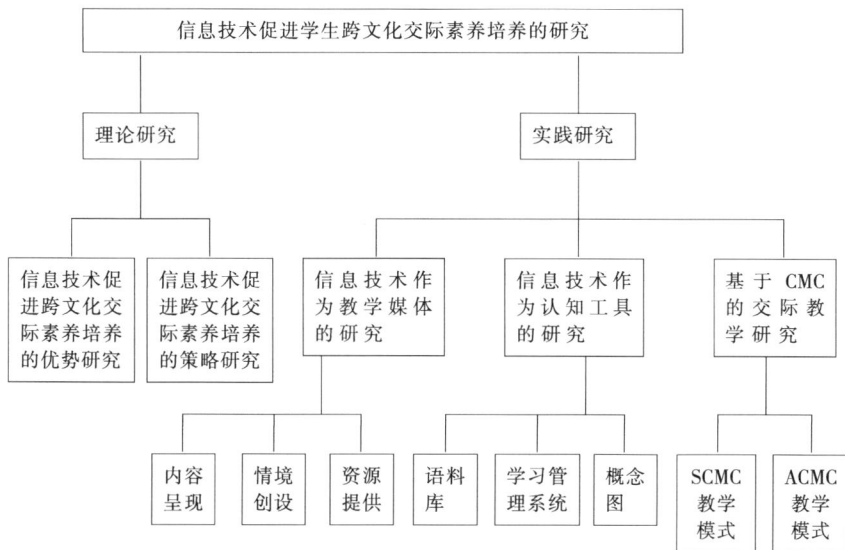

图 2-5　信息技术促进学生跨文化交际素养培养的研究

1.研究主题

相关研究能够从理论到实践把握住信息技术在文化教学中的应用这一条主线,理论研究重在探讨信息技术在文化教学中的优势和使用策略;实践研究则分成三部分,即信息技术作为教学媒体、信息技术作为认知工具、基于CMC的交际教学。这些实践研究在一定程度上发挥了信息技术的内容演示、资源提供、创设情境和媒体交际等作用,但不可否认的是,这些研究的范围还相对比较小,很多研究不是基于课堂教学而是在课外进行的。

从技术与教学融合的视角及信息技术与课程整合的层次来看现有研究,技术所起的作用还相对较浅或者比较单一,比如在将信息技术作为教学媒体的研究中,大部分研究限定在内容呈现和创设情境方面,也有部分研究涉及学习资源的提供，但是涉及的主要是集体教学环境下使用多媒体大屏幕进行资源提供，却很少关注具有时代特点和技术优势的"一对一"环境下的资源提供方式的运用及其效果。

在将信息技术作为认知工具的研究中，大部分研究将重点放在语料库、学习管理系统等传统认知工具的使用上，将概念图作为认知工具促进学生跨文化交际素养培养方面的研究，虽然在理论和实践方面都有论述，但大部分只停留在传统概念图的使用上（研究中涉及的功能使用纸笔概念图也能够实现），却较少探讨网络环境中基于概念图软件的分享和协作等策略。

在基于 CMC 的交际教学研究中，虽然 SCMC 模式和 ACMC 模式各有利弊，但还是有很多研究更倾向于采用 SCMC 模式，虽然也有部分研究采用了 ACMC 模式，也取得了一定成效，但是由于 ACMC 模式存在异步性和反馈的滞后性，因此在研究设计和效果方面都存在一些不足之处。

2.研究范围

笔者以"篇名：'跨文化交际教学'"&"全文：'信息技术'"为检索条件，在 CNKI 期刊网中查询，一共检索到 128 篇文章。笔者使用自制的类目表格对这 128 篇文章进行分析筛选，排除 14 篇对外汉语和其他语种（如日语）教学中运用信息技术促进文化教学的论文、27 篇利用技术促进文化教学的理论研讨论文以及技术开发类论文、6 篇与主题不相关的论文，剩余 81 篇。根据研究对象类别的不同，这 81 篇分为大学生、高职生（包括中职生）、中学生、小学生四类人群，还有 4 篇没有进行清晰分类，因此作为其他类别，其分布比例如图 2-6 所示。从图中可见，在信息技术促进文化教学的实践研究中，以小学生为研究对象的研究所占比例很小。

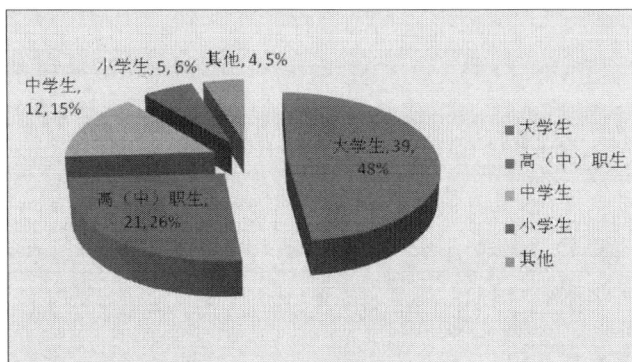

图 2-6 CNKI 期刊网中信息技术促进跨文化教学相关研究论文研究对象比例图

同时,笔者以"主题:Intercultural Communication teaching"&"主题:Information and Communication Technology"为检索条件,在 Web of Knowledge(SCI\SSCI)数据库进行检索,检索到 15 篇文章,去除 1 篇研究综述类文章、2 篇单纯技术应用论文和 1 篇反映中国跨文化教学的会议论文后,剩余 11 篇。这 11 篇中,有 5 篇研究大学生(研究生)的文化教学,有 2 篇研究成年人的文化教学,有 2 篇研究小学生的文化教学,还有 2 篇研究中学生的文化教学(见图 2-7)。

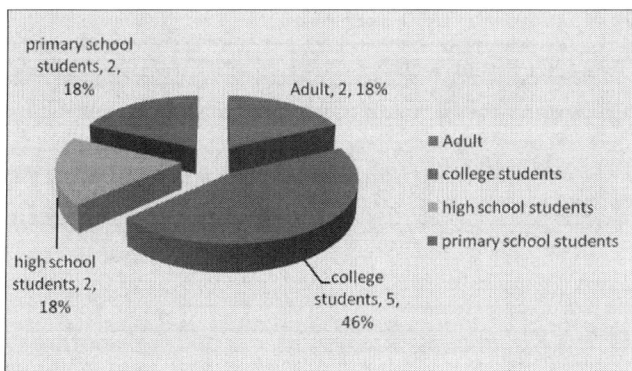

图 2-7 Web of Knowledge 数据库英文论文研究对象比例图

虽然这个数据量相对来说较小,但是因为 Web of Knowledge(SCI\SSCI)中的论文基本上都是质量比较高的检索论文,即使这个数据量少也能说明一定的问题。与国内研究类似的是,国外研究也高度关注大学生群体,但是与国内研究不同的是,国外研究也关注中学生和小学生,小学生相关研究的比例达到18%,而国内研究对小学生的关注比例只达到6%的水平。

通过对现有研究论文的梳理可以发现,大部分国内研究都是关于信息技术促进大学、高职教育中的英语跨文化教学,从而培养学生的跨文化交际素养,而信息技术促进小学生跨文化交际素养培养的研究虽然有,但是数量较少。由此可见,国外对信息技术促进小学生跨文化交际素养培养的重视程度要比国内高一些。这说明,通过利用信息技术促进小学英语文化教学发展,进而培养小学生跨文化交际素养应该引起我们的足够重视。

第七节　分析与评述

第一,国内外研究的差异。通过文献梳理与总结,笔者发现已有研究存在以下特征:

国外对信息技术促进跨文化交际素养培养的研究起步较早,20世纪80年代在 CALL 领域就开始利用信息技术培养学生的跨文化交际素养;而国内该领域的研究起步相对较晚,基本都是在 2000 年以后出现的。这种状况是与教育信息化的发展程度以及对跨文化交际素养的重视程度密不可分的,国外非常重视跨文化交际素养的培养,其信息技术在教育中的应用相对比较成熟;我国在 2001 年启动新课程教育改革以来,国内教育界和学界才提高了对跨文化交际素养培养的重视,同时随着"农远工程""校校通"等一系列教育信息化工程项目的实施,信息技术才逐渐应用于外语教学和文化教学。

第二,已有研究在以下几个方面取得了一些成果,并带来一些启示:

1.语言、交际和文化之间具有不可分割的联系,三者之间相互影响,要学好一门外语并用其进行得体的交际,学习它的文化非常重要。

2.在外语教学中进行文化教学是必要的,文化教学是培养学生跨文化交际素养的重要手段和必经途径。

3.文化教学模式的相关研究已经取得一些成果,国内外已经有近百种模式,并且已经在文化教学的多模态和层次性上形成了一定共识。

4.在利用信息技术促进学生跨文化交际素养培养方面已经有了很多研究,研究涉及信息技术应用于文化教学的理论和实践层面,这些研究对于探索信息技术条件下培养学生跨文化交际素养起了一定的促进作用。

第三,已有研究也存在一些不足之处:

1.从研究主题和研究内容来看,信息技术在培养跨文化交际素养中有不同的应用方式,但是对这些应用方式的研究还不够深入。比如,有的研究将信息技术作为教学媒体,有的研究将信息技术作为认知工具,还有的研究将信息技术作为通信媒介,已有研究涉及的信息技术与"一对一"网络环境所具有的技术优势相比,不仅在信息技术的应用形式上还比较单一,技术与教学整合的层次性也较低,没有将技术与教学充分融合,信息技术在促进学生的知识建构和认知发展方面发挥的作用还不够。从文化教学模式来看,大部分研究关注的是宏观层面,缺乏课堂层面的教学模式,这些教学模式的理论性强、可操作性差。

2.从研究切入的视角来看,部分研究视角比较单一。有的研究单纯停留在文化语言学的视角,有的研究则从文化教学的视角切入,还有的研究只关心学习资源的技术开发,能够将技术与文化教学有机结合起来的研究较少。这种现象与研究者的学科背景和研究专长有密切关系,因为研究者中有的来自于语言学,有的来自于文化学,有的来自于资源技术开发领域,来自于教育技术领域并进行实践的研究者并不多见。

3.综观国内外研究,在研究对象的选取上并不均衡。多数研究都选取大学生和中学生为研究对象,尤其是国内研究对小学生跨文化交际素养培养没有足够的重视,这与我国跨文化交际素养研究起步较晚,以及过去一个时期中义务教育阶段外语教学强调语言知识而忽视文化意识有着很大的关系。

4.从研究方法上看,大多数研究采用经验式或思辨式的研究范式。例如,很多研究人员采用社会调查法,对技术促进跨文化交际素养培养的现状和效果进行调查研究,寻找对策,而带有干预性质的试验研究相对较少,即使有,其研究时间相对较短,而且试验设计也存在一些问题,缺乏自然情境下真实而长期的试验研究。这种现象对该领域研究的科学性和真实性造成了一定影响。

第三章　研究问题与研究设计

　　本章在前文提出问题和文献综述的基础上,将研究问题进行聚焦,确定了本书的研究目标、研究内容和研究框架,对采用的研究方法进行阐述,对研究工具、研究对象和研究基础进行说明。本章内容结构如图 3-1 所示。

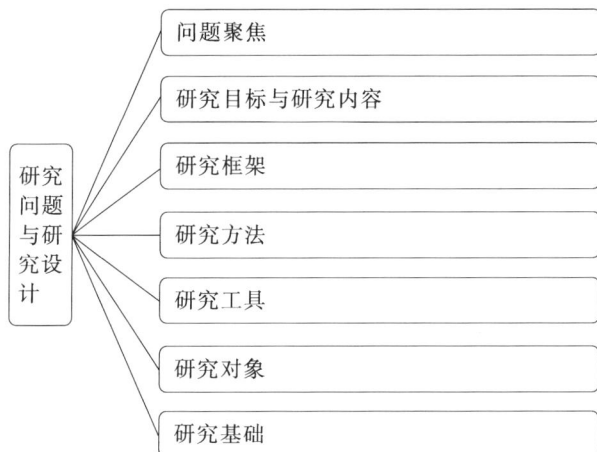

图 3-1　第三章内容结构图

　　在"信息技术对教育具有革命性影响"与"技术与教学深度融合"的理念指导下,"一对一"网络环境中信息技术的应用逐渐呈现出更加灵活、多样、高效的特征。"一对一"网络环境中的教学能够体现"以人为本"的教育理念,可以根据学生的个性化需求设计学习内容和学习资源的呈现方式;

"一对一"的数字化设备不仅有助于学生的个体认知,还能促进小组成员之间的合作探究;"一对一"的网络联接为跨国交流提供了媒介基础和交际形式。因此,"一对一"网络环境为英语文化教学提供了优越的条件和良好的基础。在这样的背景下,探索"一对一"网络环境中信息技术在文化教学中的深度应用、培养小学生的跨文化交际素养,显得非常有意义。

第一节　问题聚焦

通过文献综述发现, 我国小学生跨文化交际素养培养没有得到足够的重视:在研究方法上,缺乏深入教育现场的实证研究是其主要不足;在研究内容上, 信息技术在培养学生跨文化交际素养中有着不同的应用方式,已有学者将信息技术作为教学媒体、认知工具和交际媒介用于文化教学中,但是这些研究还存在或多或少的问题,这些研究涉及的都是一些相对零散的技术应用,比较单一,这三种应用方式中还存在一些研究点被忽视(对"一对一"学习资源提供方式的忽视),或者研究得不够全面(缺少了对概念图认知工具的应用研究),或者不够深入(基于电子邮件的交际研究不够深入)。没有进行不同技术应用方式之间的比较研究,没有将"一对一"网络环境的技术优势发挥出来。在已有的文化教学模式中,技术的应用微乎其微,技术没有能够与文化教学相融合。这些研究不能够回答"信息技术的不同应用方式到底如何影响学生跨文化交际素养的培养"以及"'一对一'网络环境中采用什么样的文化教学模式才是有效的"这两个问题。

因此,本书将问题聚焦于"'一对一'网络环境中采用什么样的信息技术应用方式和教学模式来培养小学生跨文化交际素养才是有效的"。拟采用教育试验法来进行研究,该问题可以分解为以下两个子问题:

1.信息技术的不同应用方式对小学生跨文化交际素养培养具有何种影响?

2."一对一"网络环境中采用什么样的文化教学模式才是有效的?

第二节　研究目标与研究内容

本书的研究目标是通过实证研究,探索"一对一"网络环境中信息技术促进小学生跨文化交际素养培养的有效应用方式和教学模式,并提出信息技术的应用策略。

根据研究问题,对应于研究目标,本书的主要研究内容如下:

研究内容一：信息技术的不同应用方式对培养小学生跨文化交际素养的影响效果研究。

如前所述,本书将在已有研究的基础上,重点探索信息技术的三种不同应用方式对小学生跨文化交际素养培养的影响效果,具体为:学习资源的不同提供方式对培养跨文化交际素养的影响研究(将"一对一"的学习资源提供方式与传统多媒体+印刷材料的资源提供方式做对比试验)、以概念图为代表的信息技术认知工具的使用方式对跨文化交际素养培养的影响研究(将概念图软件的使用与纸笔概念图的使用做对比试验)、基于电子邮件的交际方式对跨文化交际素养培养的影响研究(将使用电子邮件的文化教学与不使用电子邮件的文化教学做对比试验),并且将这三种不同的技术应用方式的使用效果进行比较研究。

研究内容二:"一对一"网络环境中文化教学模式的构建及其有效性研究。

基于研究内容一的结论,构建"一对一"网络环境中整合信息技术不同应用方式的文化教学模式,包括课堂教学模式和单元主题教学模式,将这两种不同的教学模式在教学中实施,对其有效性进行检验。

两部分的研究内容之间的逻辑关系可以用图 3–2 来表示。

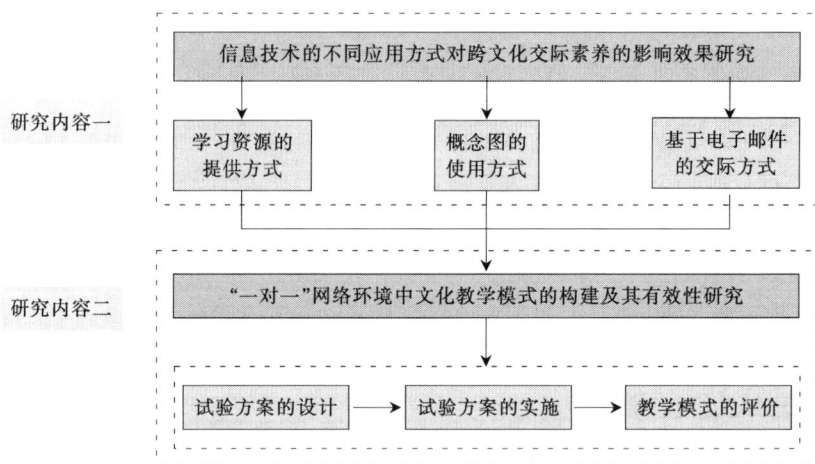

图 3-2　研究内容关系图

第三节　研究框架

本书的整体研究设计包括准备阶段、实施阶段和结论阶段,具体内容和流程如图 3-3 所示。

```
┌─────────────────────────────────────────────────────────────┐
│           文献调研、观察教学实践、提出问题                      │
└─────────────────────────────────────────────────────────────┘
                              ↓
┌─────────────────────────────────────────────────────────────┐
│       实验前测、确定教师、选择班级、为学生建立档案袋            │
└─────────────────────────────────────────────────────────────┘
                              ↓
```

研究内容一

|学习资源的提供方式|概念图的使用方式|基于电子邮件的交际方式|

|实验班 A|对照班 B|实验班 C|对照班 D|实验班 E|对照班 F|

实验后测(量表测量、访谈、作品分析)

研究内容二

整合技术的文化教学模式的构建("文化旁白"模式和"文化包"模式)

两种文化教学模式的有效性验证比较

|实验班 A："文化包"模式|实验班 C："文化旁白"模式|实验班 E：不使用模式|

实验后测(量表测量、质性访谈)

研究结论

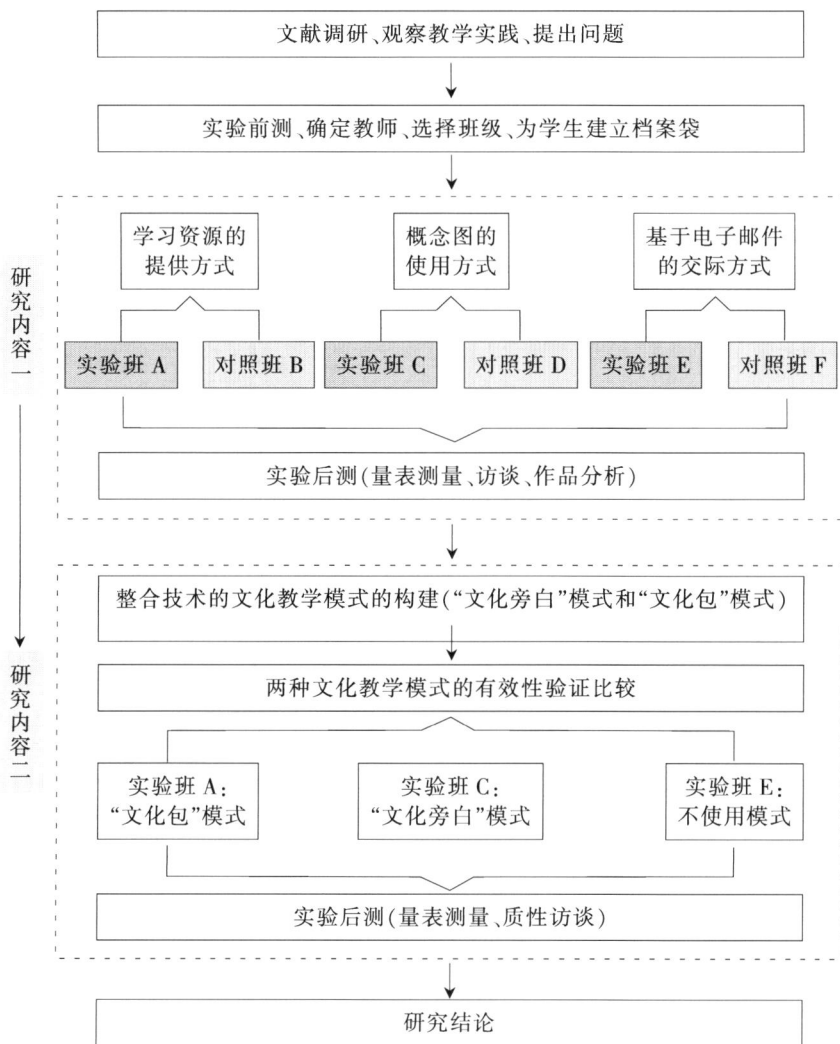

图 3-3　研究设计框架图

第四节　研究方法

一、研究范式

本书基于实证主义研究范式,采用准实验研究方法,方案设计采用实验组对照组前后测时间系列准实验设计方法, 使用量化分析和质性分析相结合的数据分析方法。

二、具体研究方法

(一)数据收集研究方法

在数据收集阶段采用调查法、访谈法、观察法、档案袋法。

1.调查法

调查法是在收集被调查对象的相关资料的基础上,进行分析、相互比较以了解其心理活动的方法。调查法的目的可以是全面把握当前的状况,也可以是揭示存在的问题,弄清前因后果,为进一步的研究或决策提供观点和论据。调查法的形式是多种多样的,广义的调查包括问卷调查、电话调查、访谈等。本书主要使用问卷调查法,使用自主编制的小学生跨文化交际素养测试量表 (Intercultural Communication Literacy Questionnaires for Chinese Primary School Students,ICLQ),对小学生跨文化交际素养三个维度的状况进行调查。

2.访谈法

访谈法是研究人员通过与被调查者直接交谈来探索被调查者的心理状态或现实情况的一种研究方法。访谈调查时,研究者与被调查者面对面交流,针对性强、灵活、真实、可靠,便于深入了解人或事件的多种因素。笔者对教师和部分学生进行了访谈,以了解其对不同技术运用方式的认识,以及自身跨文化交际素养在教学和学习过程中的变化情况。

3.观察法

观察法是指研究者根据研究目的、研究提纲或观察量表,用自己的感官和辅助工具(如观察表格)去直接观察被研究对象,从而获得资料。科学的观察具有目的性、计划性、系统性及可重复性的特点。本书使用的观察法用于课题研究人员和教师在课堂上观察学生在解决跨文化交际问题时的语言和行为,包括回答问题时的表现等,作为量化数据的补充。

4.档案袋法

档案袋法也称为档案袋评价法,是 20 世纪 80 年代在欧美国家中小学评价改革运动中形成和发展起来的一种新的质性评价方式。它是指教师和学生有意识地将有关学生表现的各种材料收集起来,并进行合理的分析与解释,以反映学生在学习与发展过程中的努力、进步状况或成就。进入 21 世纪后,随着以计算机和网络为代表的信息技术的飞速发展,电子档案袋①和虚拟档案袋②开始流行。由于跨文化交际素养的培养是一个相对持久的过程,在比较短的时间内难以有明显的变化,给测量带来了困难,所以要给实验学生建立档案袋,用于收集学生平时的作业、作品以及在 VClass 平台上的发帖、评论留言和过程性学习材料,在数据分析时将这些质性数据作为量化数据的补充。这些作业、作品和发帖、留言等作为数字化档案都被保存在教师为学生创建的电子档案袋和虚拟档案袋里,这种收集数据的方法就称为档案袋法。当使用这些材料对学生进行发展性评价时,就是所谓的档案袋评价法。

(二)数据分析研究方法

在数据分析阶段采用统计分析法、质性分析研究法和内容分析法。

1.统计分析法

统计分析法包括 t 检验和方差分析。

---

① 电子档案袋是指储存在电子计算机中的文件夹档案,是由数字电子计算机处理的档案。
② 虚拟档案袋是用来区别于一些客观存在的档案实体,是将实体档案信息以字节方式表示,并使之在电脑网络上流动。

（1）t检验

t检验包括配对样本t检验和独立样本t检验。

配对样本t检验（Paired sample t-test）是指对同一样本进行两次测试所获得的两组数据，或对两个完全相同的样本在不同条件下进行测试所得的两组数据的均值是否具有显著性差异进行的推断。根据这一定义，实验班前测和后测数据是对实验班进行两次测试所获得的两组数据，具有相互配对的关系；同样，对照班的前测和后测数据是对对照班进行两次测试所获得的两组数据，也具有相互配对的关系。因此，对每个班级的前后测数据进行配对样本t检验，从而推断每个班级前后测数据之间是否具有显著性差异。

独立样本t检验（Independent sample t-test）是指对不同样本进行测量所获得的两组数据，推断其是否具有显著性差异。实验班和对照班是不同的样本，因此在前测与后测中，对实验班和对照班的测试成绩进行独立样本t检验，进行均值比较和差异比较，推断实验班与对照班在自变量的不同作用下存在的差异。

（2）方差分析

①单向方差分析（One-way Anova）是指只有一个处理因素的时候采用的方差分析，这个处理因素包含多个离散水平，分析在不同处理水平上因变量的平均值是否来自相同总体。本书中，单向方差分析用于分析自变量在三个实验班中对因变量的独立作用。

②协方差分析（Analysis of Covariance）是关于如何调节协变量对因变量的影响效应，从而更加有效地分析实验处理效应的一种统计技术，也是对实验进行统计控制的一种综合方差分析和回归分析的方法。在本书中的准教育实验中，实验班和对照班学生的学习基础、原有的跨文化交际素养会有所差异，这些差异在前测中会有所体现，并且可能会对实验结果的精确性有一定影响，因此把这些数据作为协变量，使用协方差分析法可以去除其影响作用，从而提高实验的精确度。

2.质性分析研究法

质性分析研究法是一种在教育学及其他社会科学领域中常用的分析研究方法,通常是相对量化分析研究而言。质性分析研究法实际上并不是一种特定的分析方法,而是研究者置身自然情境之中,而非人工控制的实验环境,充分地收集资料,对社会现象进行整体性的探究,采用归纳而非演绎的思路来分析资料和形成理论,通过与研究对象的实际互动来理解行为的分析方法。跨文化交际素养在行为层面上的表现一般在交际过程中体现较多,为了保证评价数据的客观有效,因此在问卷测量的基础上,拟采用访谈获得的质性数据作为辅助,对这些质性数据进行分析,以弥补问卷测量可能存在的缺陷。

3.内容分析法

内容分析法是一种主要以各种文献为研究对象的研究方法。早期的内容分析法源于社会科学借用自然科学的研究方法,进行历史文献内容的量化分析。本书主要将内容分析法用于分析学生提交的作品,包括其创作的概念图和收发的邮件等,用类目表格进行评判,分析其作品和收发邮件所反映出来的规律。

第五节 研究工具

为了保证研究数据的可靠性和研究结论的可信度,需要对研究工具进行科学严谨的选择与设计。本书在测量中使用自编量表 ICLQ,该量表借鉴了陈和斯特罗斯塔于 2000 年开发的跨文化敏感度测试量表的维度,依据教育部《义务教育英语课程标准》(2011)规定的小学六年级学生在文化意识方面需要达到的标准(二级),专门针对中国小学生进行开发和编制。该量表包含了跨文化交际素养的意识、知识和能力三个层面。量表的编制主要经历了三个阶段:题目初步设计、正式施测和数据处理。

一、题目初步设计

在量表编制过程中遵循以下原则:文字表述浅显易懂;各题目之间相互独立,不含暗示题目答案的线索;题目数量的确定考虑到测验时间和学生的年龄特征。

为保证有足够的题目,初测问卷编制了 42 道题目。经过小范围施测,筛除了部分不合格的题目,并对题目进行了修改,最终确定 33 道题目,其中跨文化交际意识 11 题、跨文化交际知识 11 题、跨文化交际能力 11 题。

二、正式施测与数据处理

测试样本为西北地区 HS 学校的 4 个六年级班级,共 143 人,最终获得有效问卷 136 份。采用 SPSS16.0 软件进行数据的处理和分析。

三、结果

(一)项目分析

采用临界比率(Critical Ratio,简称 CR 值)法进行项目分析。临界比率法是指按照跨文化交际总分从高到低进行排序,排名前 27%者为高分组,排名后 27%者为低分组,求出高低两组被试在每题得分平均数差异的显著性检验。如果 CR 值没有达到显著标准,则表示这个题目不能鉴别不同被试的反应程度,该题目应删除。统计结果显示,有 3 个题目的 CR 值未达到显著性水平,被删除;其余 39 个题目的 CR 值均达到显著性水平,说明这些题目的区分度良好。

本书还采用相关法对全部题项进行项目分析,即计算每一项目与维度所在分测验总分的相关系数来考察测验项目的质量,结果见表 3-1、3-2、3-3 所示。38 个题目与总分的相关达到优秀水平($r \geqslant 0.30$),1 个题目与总分的相关低于 0.30,被删除。

表 3-1　各题目与跨文化意识总分的相关(r)

题号	r	题号	r	题号	r
1	0.62	5	0.55	9	0.41
2	0.45	6	0.39	10	0.54
3	0.31	7	0.47	11	0.37
4	0.31	8	0.54	—	—

表 3-2　各题目与跨文化知识总分的相关(r)

题号	r	题号	r	题号	r
12	0.36	16	0.43	20	0.31
13	0.55	17	0.60	21	0.32
14	0.53	18	0.50	22	0.49
15	0.53	19	0.32	—	—

表 3-3　各题目与跨文化能力总分的相关(r)

题号	r	题号	r	题号	r
23	0.40	27	0.55	31	0.33
24	0.45	28	0.45	32	0.30
25	0.48	29	0.50	33	0.30
26	0.38	30	0.44	—	—

(二)因素分析

对数据进行因素分析,首先要进行采样充足性检验 (Kaiser-Meyer-Olkin,简称 KMO)和 Bartlett 检验。凯撒(Kaiser,1974)根据自己的经验指出,KMO 值小于 0.50 时不适合做因素分析。统计结果表明,该测验的 KMO 值为 0.639 (大于 0.50),Bartlett 球型检验结果达到极其显著水平(Sig=.000)。进行因素分析时,采用主成分分析法、正交极大方差旋转法得出因素负荷矩阵,然后根据因素分析理论,对旋转后题项进行筛选,以确定各因素的数据并命名。

本书参照以下标准确定因素:因素的特征值大于 1,共同度大于

0.20,因子负荷大于0.35,因素易于解释。根据上述标准,该测验又删除了5个题目,最后得到了33个题目,共3个因子,累积方差贡献率为49.71%,3个因素的贡献率分别为30.45%、11.49%和7.82%。

(三)信度检验

信度是指测量结果的可靠性,即多次测量结果的一致性程度。本书采用了内部一致性信度(Cronbach's α 系数),即测验内部所有题目间的一致性程度作为信度的指标。研究结果显示,跨文化交际意识的分测验 Cronbach's α 系数为0.68,跨文化交际知识分测验的 Cronbach's α 系数为0.67,跨文化交际能力分测验的 Cronbach's α 系数为0.62,三个分量表信度指标符合心理测量学的要求。总体 Cronbach's α 系数为0.78,是一个相对比较可靠的测试工具。根据吴明隆提出的信度系数可接受度:"分层面最低的内部一致性 α 系数最好高于0.6,而整体的内部一致性 α 系数要在0.7以上。"笔者编制的测验的整体信度系数与各分测验的信度系数均达到可接受的程度,整体信度良好。

(四)效度检验

效度是指测量的有效性,即对一个测验对其所要测量的东西测量到什么程度的估计。这里重点考察内容效度和结构效度两个方面。

1.内容效度

本书采用内容效度作为效度指标。内容效度是指一个测验实际测到的内容与所要测量的内容之间的吻合程度。一个测验的内容效度必须具备两个条件:一是要事先定义明确恰当的内容范围,二是测试题目应该能够作为内容范围的代表性取样。在正式开始研究前,笔者确定了研究的理论分析框架,并对研究的核心概念进行界定,对研究变量做出明确的定义和说明。本量表的题目参考了已有量表、文献综述、对小学英语教师的开放式问卷调查和个别访谈,征求了两位英语教育专家的意见,从而保证了测验项目能反映当前小学生跨文化交际的水平。另外,在正式量表形成的过程中,笔者还多次请经验丰富的小学英语教师对题目进行审查、修改,从而保证了该量表具有较高的内容效度。

2.结构效度

结构效度是指测验测量某种理论结构或特质的程度。心理测量学认为,一项测验的分测验之间必须相对独立,分测验与分测验之间应该呈现低相关,而各分测验与测验总分之间的相关则应该超过各分测验之间的相关程度,满足这样的相关条件,测验结构本身才是有效的,运用该测验进行测评才有意义。鉴于此,笔者对各分测验之间以及各分测验与总分之间进行了相关分析(见表3-4)。

表3-4 各分测验之间及分测验与总分之间的相关矩阵

题号	交际意识	交际知识	交际能力	总分
交际意识	1	—	—	—
交际知识	0.35	1	—	—
交际能力	0.47	0.22	1	—
总分	0.80	0.72	0.74	1

从分析结果来看,三个分测验与总分的相关较高,均在0.7以上,而各分测验之间的相关较低,在0.2~0.5之间。根据图克(Tuker)的理论,构建健全项目所需要的项目和测验的相关在0.30~0.80之间,项目间的组间相关在0.10~0.60之间。综合来看,该结果符合心理测量学所强调的结构效度应该达到的要求,表明该测验内部结构良好,具有较好的结构效度。

经检验,三个分测验的效度和信度都达到相对理想的水平,本测验是一个比较可靠的跨文化交际素养的测试工具。

第六节 研究对象

本书的研究对象为HS学校小学六年级6个自然班的学生。之所以选择HS学校作为实地研究场所,是因为该校是参与北京师范大学现代教育技术研究所主持的"基础教育跨越式创新发展试验"课题(即"跨越式"课题)的学校之一。该校位于中国西北地区,学校集小学、初中和高中于一体。该校虽地处经济欠发达地区,但在师资水平、学校管理,尤其是教育信息化程度等方面都具有较高的发展水平,教师敬业精神颇佳,学生具有浓厚的学习风气。该校自 2009 年 9 月开始启动"跨越式"课题,从小学到初中,每个科目、每个年级、每个班级都在尝试运用跨越式教学的基本理念和模式进行教学。

本书选择的六年级班级为 3 个网络班、3 个非网络班。所谓网络班就是在每人使用一台笔记本电脑(平板电脑)的环境下组织的试验班级,每位同学的电脑都可以通过无线联接互联网,教师和学生借助网络教学平台 VClass 开展教学活动,进行师生互动,实施常规课堂教学,符合"一对一"网络环境教学的基本特征。所谓非网络班就是学生没有电脑,也无法联网,但是教师可以利用多媒体大屏幕和传统的黑板、粉笔开展教学活动,实施传统环境中的常规课堂教学。①除了设备上的差异之外,网络班和非网络班的其他外在条件基本一致,比如都采用跨越式教学模式,都使用人民教育出版社的教材,教学内容完全一致,教学时间也相同。

第七节　研究基础

一、理论基础

本书的理论基础主要包括语觉论、二语习得理论(包含文化关键期理论、文化适应理论、文化输入与文化输出理论)、计算机辅助语言学习理论、跨文化交际学理论、信息技术与课程深层次整合理论以及"一对一"数字化学习理论等。

（一）语觉论

语觉论是北京师范大学何克抗教授在批判、继承和发展美国著名语言学家诺姆·乔姆斯基(Noam Chomsky)和伦内伯格等人的儿童语言发展

---

① 网络班和非网络班学生的分班的根据是家长和学生的自主选择,网络班学生的电脑都是家长购买的,学生携带电脑上学,学校将这些学生重新编班,组成网络班,没有电脑的学生编为非网络班。

理论的基础上提出的理论。

在儿童语言发展的相关研究中,目前主要有先天决定论、后天环境论和相互作用论三种派别或观点。以模仿说和斯金纳的强化说等为代表的是后天环境论思想;以伦内伯格的关键期理论和乔姆斯基的语言获得机制理论(Language Acquisition Device,LAD)为代表的则是先天决定论;相互作用论则以加拿大心理学家唐纳德·赫布(Donald Hebb)为代表。其中尤以乔姆斯基的 LAD 理论影响最大。乔姆斯基认为儿童有一种受先天遗传因素决定的"语言获得机制",为了说明这种机制是如何影响婴幼儿获得母语的过程,乔姆斯基于 1988 年提出了一个基于普遍语法(Universal Grammar,简称 UG)的语言获得模型。在此模型中,婴幼儿对母语的获得过程被描述为:"语言能力可看成一个错综复杂的网络,该网络与一个包含开关矩阵的开关盒相连接,这些开关可以在两种状态之间转换。在系统运行之前,必须先对开关进行设置。一旦这些开关设置成某种允许的工作方式,系统就按其自身的性质工作。不过,取决于开关设置方式的不同,系统的功能也有所不同。这个固定的网络就是普遍语法的原理系统,开关值就是由经验所确定的参数。开关设置以后,儿童就掌握了一种特定的语言并了解该语言的事实——一个确定的表达具有确定的意义,等等。这样,语言学习就是确定普遍语法中待定参数值的过程,就是确定网络运行所需开关值的过程……除此以外,语言学习者还必须发现语言的词汇项及其特性……语言学习并不是儿童实际在做什么事情,而是处于某种适宜环境中的儿童发生了什么事情,就像儿童的身体在适宜的环境刺激和营养条件下,按预定的方式生长和成熟一样。"这段论述就是乔姆斯基关于儿童语言发展 LAD 理论的核心思想。

依据乔姆斯基的观点,儿童获得语言的过程实际上是主动地发现并确定普遍语法中待定参数及相关词汇项的过程。儿童是主动生成与发展语言的主人,并不是后天环境论者眼中那个只会对刺激做出被动反应的模仿者。儿童并不是通过一个一个的句子来掌握语言,而是通过普遍语法体系的一系列规则来掌握——只要参数一设定,普遍语法体系就被确定。

乔姆斯基认为，这就是所有儿童都能在较短时间内快速掌握各自母语的根本原因。

乔姆斯基关于婴儿先天存在"语言获得机制"的论点是思辨的产物，他并未对此提供脑神经生理学的证据。大脑中先天就存在处理普遍语法的神经机制，目前还只是假说，尚有待证实，并且，LAD 理论对后天语言环境的作用重视不够。因此，乔姆斯基的理论目前尚未被学术界普遍接受。

何克抗教授基于对乔姆斯基 LAD 理论的批判和借鉴，认为"语觉"即语义知觉是人类的第六种知觉。在《语觉论》一书中，何克抗教授运用了大量脑神经科学研究成果和语言学、心理学、教育学领域的案例，全面、科学地论证了"语觉"既有先天遗传特性，又存在一个"生长发育期"（"关键期"）。在此基础上，他提出了"语觉论"——儿童语言发展新论。语觉论是对以往儿童语言发展理论的继承和发展，它对中小学英语教学有重要的指导意义，对中小学生跨文化交际素养的培养也有重要的指导意义。

根据语觉论的主要思想，小学阶段英语教学应优先培养听说能力（依据"关键期"理论），小学课堂教学要以言语交际为中心，要为学生创设良好的外语学习环境，要充分发挥多媒体和网络的优势，为交际能力的训练提供丰富的教学资源。这些指导思想同样适用于小学英语文化教学，在小学英语"以言语交际为中心"的教学理念基础上，要为学生学习文化知识创设良好的文化氛围，充分发挥多媒体和网络等信息技术的优势，为跨文化交际素养的培养提供丰富的教学和学习资源，丰富小学生语言交际的文化内涵，在交际中树立跨文化意识，提高小学生的跨文化交际能力。

(二)二语习得理论

二语习得理论诞生于 20 世纪 60 年代，当时有学者研究人类获得语言能力的机制，尤其是获得外语能力的机制，综合了语言学、神经语言学、语言教育学、社会学等学科的理论，发展出一种新的理论，叫"二语习得"（Second Language Acquisition）。普遍语法、监控理论、环境论、关键期理论等都是二语习得理论的分支。二语习得理论中的文化理论则包括文化关键期理论、文化适应理论、文化输入理论和文化输出理论。

1.文化关键期理论

布朗(Brown,1987)认为在第二语言的文化学习过程中存在一个"文化关键期"(Acculturation and a Cultural Critical Period)。他认为,在第二文化中第二语言能力的熟练掌握时刻大约是文化适应期的第三阶段 (逐渐舒缓的文化紧张)开始之时。第三阶段为学习第二语言提供了最佳的社会和心理距离,也出现了最佳认知和情感压力。因此,二语习得者具有了强烈的学习动机和必要的学习压力。在这一阶段之前(即文化适应期的第二阶段文化震撼期),这种压力往往太大,而在这一阶段之后(即文化适应期的第四阶段完全适应期),这种压力又太小。因此,在文化适应期的第三阶段以前,第二语言不可能被有效掌握;而当经过这一阶段后,学习者却没能跨越语言和交际能力的门槛时,他们的二语习得就很有可能停留在一种功能性能力的水平上,类似于舒曼(Schumann)描述的石化现象(fossilization)。

需要说明的是, 布朗提出的文化关键期理论是对在第二文化中学习第二语言的学习者而言,比如中国人在美国学习英语。这与我国目前小学英语教学的主要形式——在母语文化环境中学习第二语言——有着很大的差别,在母语文化环境中当然不存在文化适应门槛(The Acculturation Threshold),但是大量案例和调查研究表明,在母语文化环境中学习第二语言的文化时也同样存在文化关键期。来自英国海外志愿服务社(VSO)的广大外籍教师长期在中国各地从事英语教育,他们普遍发现,虽然中国学生的英语基础知识牢固,但听说能力差,自然得体的日常交流能力差,知识面较窄,对西方的历史和文化习俗,或兴趣索然或知之甚少,因此,文化差异成为教学与交流的主要障碍。学习英语多年的中国学生亦有同感。究其根源, 是因为中国学生没有从小培养起跨文化交际意识和跨文化交际能力,错过了第二语言学习的文化关键期。

因此,根据布朗关于文化关键期的假说,我们可以看出,对于外语学习来说,做到语言与文化同步发展是非常重要的。按照我国现行《课程标准》，从小学三年级开始开设英语课，在教学目标的分级中，小学五、六年级要达到二级目标，文化意识方面也应该达到二级水平。小学五、六年级的学生经过前两三年的英语学习，已经掌握了一定数量的词汇和日常交际句型，对一部分话题也比较熟悉，这个时候已经没有了刚接触英语时的新奇感、紧张感。随着学生对更多词汇、句型和语法知识的掌握，对交际更加自信，并希望进行跨文化交际，这个阶段的小学生对英语文化的学习需求更加明显，因此，这个阶段基本符合文化关键期理论所描述的特征。总之，在文化教学中，要抓住文化关键期，对小学生进行跨文化交际素养的培养。

2. 文化适应理论

文化适应是指一种逐渐适应新的文化的过程。布朗(1987)认为语言中含有大量文化因素，第二语言的习得与对第二文化的适应紧密相关，并把第二语言习得过程中的文化适应分为四个阶段。舒曼(1978)认为："第二语言习得是文化适应的一个方面，一个人自己的文化与第二文化的适应程度决定了一个人习得第二语言的成败。"

文化适应理论认为，第二语言习得是由学习者与所学语言的文化之间的社会距离和心理距离决定的，其中社会距离是指学习者与目的语文化群体相互接触的程度，心理距离是指学习者与目的语群体由于情感因素造成的距离。在这两种因素中，社会距离是主要因素。

文化适应理论启示我们，在小学英语教学中，要培养小学生对英语文化的适应性，尤其要通过文化教学和文化体验缩短学生与英语文化之间的社会距离和心理距离，使学生对英语文化和讲英语的群体有一种认同感和宽容的态度，这样才有助于培养他们的跨文化交际素养。

3. 文化输入理论

美国语言学家克拉申的语言输入假说把语言学理论与语言教学结合起来，在外语教学界产生了广泛的影响。克拉申认为，语言习得是从"i"阶段到"i+1"阶段的过程，这个过程发生的必要条件是能够理解"i+1"的输入，这个输入是意义的输入而不是形式的输入，获得意义之后从中习得结构。从"i"阶段到"i+1"阶段,需要语言学之外的知识,包括背景、社会文化知识、上下文知识、暗示和非言语交际行为等,其中的社会文化知识占相当大的比重。语言学习的发生是利用学生与社会文化知识的作用来实现的。克拉申的输入理论在文化语料输入的内容、范围和形式上为英语文化教学带来了很多启发,比如应该给学生提供一些可理解的文化输入,包括一些与目的语相关的文化阅读材料、电影片段等真实的语料;外语教学中要在课堂上适当穿插相关文化背景知识的讲解,扩大学生的文化知识面,激发他们学习外语的兴趣,等等。

4.文化输出理论

与克拉申提出的输入理论对应的是斯温提出的语言输出假说。斯温认为语言输出有助于促进第二语言学习者语言表达的流利性和准确性。在产生可理解输出的过程中,学习者能看到自己目的语能力的不足,从而更好地进行语言表达。只有可理解输入和可理解输出共同作用,第二语言习得者的语言能力才能不断发展。斯温认为可理解输出具有三个功能——引起注意、假设验证和元语言功能,这三个功能可以促进第二语言习得。

斯温的语言输出假说为我们提供了文化教学的重要策略——文化输出。所谓文化输出,就是参与跨文化交际实践,只有参与交际实践,才能表达并输出,从而真正达到培养跨文化交际能力的目的。因此,在文化教学中,教师不仅要在课堂上为学生创设或模拟跨文化交际情境,让学生用英语充分进行交际,也要为学生提供一些课外跨文化交际机会,比如与国外的小学生交朋友,通过电子邮件、Skype、QQ 与他们进行真实的交流,输出并体验目的语文化。

(三)计算机辅助语言学习理论

计算机辅助语言学习诞生于 20 世纪 60 年代,当时以斯金纳的观点为代表的行为主义理论在外语教学中盛行。美国伊利诺伊大学研究的 PLATO 教学系统(Programmed Logic for Automated Teaching Operation)在语言教学领域的应用取得了极大成功,到 20 世纪 70 年代已经广泛用于汉语、英语、法语、德语、印度语、俄语、希腊语等 13 个语种的教学。20 世纪 80 年代,随着认知科学和语言学理论的发展,行为主义理论时期基于程序教学模式的 CALL 由于缺乏交际功能,开始受到质疑和批评。这一时期, 乔姆斯基的语言学理论十分盛行, 克拉申的语言习得理论也备受关注, 这些理论影响了 CALL 的发展方向,CALL 开始向任务型教学和交际功能发展。20 世纪 90 年代,随着计算机和多媒体技术的飞速发展,以及外语教学重心由认知观向社会认知环境观和建构主义教学观的转变,CALL 朝着智能化、多媒体化及网络化发展,出现了智能计算机辅助语言学习(Intelligent Computer Assisted Language Learning,ICALL)和CMC。I-CALL 将人工智能技术应用于语言教学,为学生学习提供了智能导师系统(ITS);CMC 则通过使用计算机和网络实现人际交往,从而达到学习外语的目的。21 世纪以来, 随着 Web2.0 技术的发展和社会化学习理念的流行,越来越多的人使用维基百科、微博等程序,CALL 领域内又出现了基于互联网的交际 (Internet-Based-Communication,IBC)。IBC 虽然也使用网络,但是与 CMC 不同的是,它不仅可以使用计算机进行交际,只要是能够联网的数字设备(手机、掌上电脑)都可以实现通过交际学习外语的目的。

纵观 CALL 的发展历史,总结各个阶段的缺陷和优势后我们发现,今天的 CALL 虽然仍有不尽人意的地方,但其优势也相当明显,比如,CALL 强调学生与学习环境的交互性,倡导协作式学习;注重提供形式多样的学习资源,实现多维信息的输入;实现了交际的实时性,提高了学生的参与度;情景虚拟性和对现实的模拟性;以学习者为中心,以任务为驱动;学习评价形式的多元化,快速有效的反馈机制,等等。这些优势为外语教学中的跨文化教学提供了良好的条件。

(四)跨文化交际学理论

跨文化交际学的研究兴起于 20 世纪 50 年代, 它专门研究跨文化交际中的矛盾与问题,并探索如何提高跨文化交际能力。这门学科的诞生是以 1959 年美国文化人类学家爱德华·霍尔(Edward Hall)的《无声的语言》(*The Silent Language*)的出版为标志,因此霍尔被称为"跨文化交际学之父"。1983 年,古迪昆斯特(Gudykunst)的《跨文化交际理论:当前视角》(*Intercultural Communication Theory:Current Perspectives*) 的发表则标志着跨文化交际学成为一门成熟而独立的学科。跨文化交际学具有多学科性质,是文化学、语言学、交际学、社会学、人类学、语用学、传播学和心理学等交叉形成的一个学科,它以研究语言与文化的关系为主旨,以提高语言教学质量和进行有效的跨文化交际为目的。跨文化交际学除了研究文化的定义与特点、交际的定义与特征以及文化与交际的关系之外,还着重研究跨文化交际的过程及干扰交际的文化因素。

跨文化交际理论使语言教学专家们认识到, 语言教学离不开文化因素,培养跨文化交际素养是外语教学的最终目的。语言教育在很大程度上是文化的教育,外语交际是跨文化的交际,衡量现代外语人才合格与否的一个重要标准就是看他们是否具有跨文化交际能力。因此,外语教学需要跨文化交际理论做指导, 这种理论能为外语教学提供大量跨文化差异的事实,提高学生对文化差异的敏感性,而且能够对交际行为的差异追本溯源,引导和帮助人们对交际差异进行分析和解释。

(五)信息技术与课程深层次整合理论

信息技术与课程深层次整合 (Integrating Information Technology into the Curriculum,IITC)是 20 世纪 90 年代中期以来,国际教育界非常关注、非常重视的一个研究课题, 也是信息技术教育应用进入第三个发展阶段(从 20 世纪 90 年代中期至今)以后,信息技术应用于教学过程的主要模式。

IITC 就是通过将信息技术有效地融合于各学科的教学过程来营造一种信息化教学环境,实现一种既能发挥教师主导作用又能充分体现学生主体地位的、以"自主、探究、合作"为特征的教与学方式,从而把学生的主动性、积极性、创造性较充分地发挥出来,使以教师为中心的传统的课堂教学结构发生根本性改变——由以教师为中心的教学结构转变为"主导—主体相结合"的教学结构。信息技术与课程整合要求将信息技术在教育中的三大功能——学习对象、学习工具与教学工具——统一起

71

来，共同服务于包括内容和过程在内的课程各个方面的系统处理和实施，以实现课程教学的目标。李克东教授认为数字化学习是信息技术与课程整合的核心，并指出数字化学习的关键是要把信息技术作为学习的认知工具。

从目前的发展趋势看，信息技术教育应用正处于第三个发展阶段，即信息技术与课程整合的阶段。进入这个阶段以后，信息技术就不仅仅是辅助教或辅助学的工具、手段，而是要通过信息化教学环境的营造和新型教与学方式的创设，使以教师为中心的传统的教学结构转变为"主导—主体"相结合的教学结构，从而使培养创新精神与实践能力的目标真正落到实处。正因为如此，大力倡导与推进信息技术与课程整合，已经成为当前全球教育改革的总趋势与不可逆转的潮流。

信息技术与课程深层次整合理论为信息技术与文化教学的融合提供了系统的理论指导。对于本书来说，"一对一"网络环境中的信息技术不仅是帮助教师进行文化教学的工具，而且是一种能够促进学生学习文化知识并构建文化理解的一种认知工具，学生基于信息技术类认知工具，可以将知识内化和可视化表征，形成认知网络，最终促进文化知识的学习，培养自身的跨文化交际素养。

(六)"一对一"数字化学习理论

信息技术的快速发展对教育产生了"革命性影响"，利用信息技术破解教育教学中的难题，实现技术与教育的深度融合，已经成为引领教育时代发展的核心理念。当前，以人手一台数字设备为代表的"一对一"数字化学习，正在成为信息技术与教学整合的研究热点。所谓"一对一"数字化学习，是指"利用网络技术将若干台多媒体计算机及相关设备互联成小型的教学网络环境，每位学生都有一台计算机可随时上网在线学习"。

作为一种新的教育现象，"一对一"数字化学习能够体现"以人为本"的教育理念，可以根据学生的个性化需求灵活地制定和设计学习内容和学习资源。"一对一"数字化学习与传统数字化学习相比，最大的特点在于"个性化"和"移动性"。余胜泉教授认为"一对一"数字化学习使教和学发生了实质性变革,可大幅度提高课堂教学效率,拓展课堂的广度、深度和学生的参与度,在促进知识学习的同时,可以有效地渗透能力和素质的培养,真正落实新课程三维素质教育目标,实施知识和能力并重的、促进人的全面发展的教学。

国内外的研究和实践表明,"一对一"数字化学习在学科教学中可以提高学生的阅读理解能力、自主学习能力,激发学习兴趣。

二、项目依托

本书的研究主要依托于北京师范大学现代教育技术研究所何克抗教授带领的团队所主持的"基础教育跨越式创新发展试验"课题。该课题旨在通过信息化教学创新理论、模式与方法的有效应用,在试验区建立一批核心示范校,使这批核心示范校在 2~4 年内实现学科教学质量与学生综合素质的较大幅度提升,从而为促进教育的均衡发展,真正实现教育公平,探索出一条具体可行的道路,并提供一套可操作、可推广的有效经验。

目前,"基础教育跨越式创新发展试验"课题同时在网络和非网络(即传统教学环境)两种教学环境下进行实践探索。试验区遍布全国 20 多个区县的近 600 所学校,参加试验的学生达六七万人,这些都为本书研究对象的选取提供了充足的调查样本和良好的研究基础。

笔者从 2011 年 9 月开始参与"基础教育跨越式创新发展试验"课题的指导工作,在参与课题的三年中一直深入中小学教学一线,主持过云南省屏边苗族自治县、河北省青龙满族自治县等试验区的课题推进工作,也支援过深圳市福田区、南山区、黑龙江省兰西县、新疆维吾尔自治区农二师等地的课题研究,对小学英语课堂教学有较为深入的理解和研究。笔者作为课题指导人员,从 2012 年 10 月开始参与 HS 学校课题指导工作,每个学期都会前往该学校听课、评课,与试验教师进行交流与研讨,平均每学期 2~3 次,每次开展研究活动为期 5~10 天不等,截至 2013 年 12 月底,总计跟踪该校研究的时间约为 60 天。因此,笔者拥有开展长期跟踪试验研究的有利条件,在跟踪学校教学实践的过程中积累了大量研究资料和数据素材,为本书研究的顺利开展提供了保障。

三、技术依托

本书研究采用北京师范大学现代教育技术研究所自主设计并开发的 VClass 网络教学平台作为教学支撑平台, 它是建立在通用 Internet/Intranet 基础之上,专门为基于双向多媒体通信网络的远程教学而提供服务的软件系统。在丰富的学科资源的基础之上,学科教师按照教学要求与教学计划,并根据自己的教学特色,开发网络教学课件,借助网络教学的一些支持工具开展双向的远程教学, 教学管理系统可以保障这种教学更加高效,也更加规范化。VClass 平台登录界面如图 3-4 所示。

图 3-4　VClass 平台登录界面

VClass 网络教学平台由四个系统组成,即网络教学支持系统、网络教务管理系统、网络课件开发工具和网络教学资源管理系统。

(一)网络教学支持系统

网络教学支持系统是一整套提供远程教学服务的系统软件, 它以网络课件为核心,在教学管理系统的支持下,合理有效地利用学科教学资源,为实施全方位的现代远程教学提供服务,它将网络课件与学校的远程教学服务进行了有机的集成。网络教学支持系统不仅是计算机科学技术先进水平的体现,更重要的是符合现代化教育的一般规律,能够为远程教育提供一个真正高效的现代化教育手段。网络教学支持系统有以下7个具体功能。

1.流媒体的授课

基于流式媒体的授课系统,用户可以点播教师授课的视频课件,也可以在网上看到教师授课的实况直播。

2.适应性超媒体教学

适应性超媒体教学是指根据学习者的个体能力特征,动态呈现与学习者当前学习能力最相关的基于超媒体的教学内容。由于参与远程学习的学员来自各行各业,他们没有一个统一的起点,能力参差不齐,VClass能够针对不同能力的学生,提供不同的教学内容。

3.测评系统

测评系统包括试题库、测验试卷的生成工具、测试过程控制系统、测试结果分析工具、作业布置与批阅工具。

4.自动答疑系统

自动答疑系统是一个适应性的知识库系统。在教学设计阶段,教师将本学科最常见的疑难问题按一定的组织方式存放到领域知识库中,当学生遇到疑难问题时,通过网络远程提交问题描述,系统将根据学生提交的问题描述,对领域知识库进行智能搜索(主要采用的技术有中文词语的自动切分、全文检索、语义网络匹配、关键词索引等),按照检索内容相关程度的高低,将对该问题的解答呈现给学生,从而实现答疑的自动化。

5.师生交互工具

为了有效地支持身处异地的师生间交流,远程交互工具应该包括同步/异步论坛、课程电子邮箱、协同工作工具等基于文本的交流工具,另外还应通过桌面音视频会议系统提供图形、语音、视频、电子白板等多媒体的支持。目前,VClass支持的交互工具还包含系统嵌入的一些第三方社交工具,如 QQ、微信、人人网等。

6.学习管理系统

学习管理系统具备的功能有针对性的辅导、疑难解答、协作监控、实施智能化、个性化的远程学习环境、成绩管理、学习进度管理、学生工作区、课堂笔记本管理,等等。

7.基于网络的虚拟实验室

网络虚拟实验室就是在网络中创建一个可视化的三维环境,其中每一个可视化的三维物体代表一种实验对象,通过鼠标的点击以及拖曳等操作,用户可以进行虚拟实验。网络虚拟实验室实现的基础是多媒体计算机技术、网络技术与仿真技术的结合。虚拟实验技术与认知模拟方法的结合也赋予虚拟实验室智能化的特征,无论是学生还是教师,都可以自由地、无顾虑地随时进入虚拟实验室操作仪器,进行各种实验。

(二)网络教务管理系统

教学管理可划分为三个相对独立的模块:课程管理、教务管理和系统管理,它为学生、教师、管理人员提供全面的服务。学生可以通过管理系统保存个人档案,及时获取教学机构发布的最新信息,得到教师的帮助与辅导,等等;教师可通过管理系统设置课程与教学计划,查看学生的学习档案,提供有针对性的帮助;管理者可管理教师档案、学生档案,发布最新信息,对远程教学系统进行管理和维护,等等。

1.教务管理系统

教务管理系统的功能包括注册认证、学生学籍档案管理、教师档案管理、数据统计与分析、信息查询、行政公文管理、教师评价管理、学生学习评价管理等。

2.专业与课程管理

专业与课程管理包括专业的设置与管理、课程的设置与管理、培养计划的制定与调整、教学计划和选课管理等。

课程管理包括设立课程,指定课程相关人员(如开发人员、授课人员、助教人员和学生)的权限和口令,分配建立与课程相关的邮箱、讨论区、网址等设施。

　　课程内容发布是指将教师开发的课程内容上传到相应的远程教学系统,在网上发布,实施网上教学。

　　教学计划发布是指发布某门课程的教学计划,并提供查询、修改、删除等功能。

　　选课管理是指学生可以在已有的网络课程中选择某些课程进行学习。选课系统自动为学生配置课程学习的资源,并记录本课程学习的过程。

　　3.网络系统管理

　　网络系统管理主要包括系统设置、维护、网络计费管理、权限控制、数据备份等功能。

　　系统设置、维护功能:负责系统的日常维护、参数设置、数据备份和恢复。系统的安全性和数据的完整性、一致性主要由本模块来保证。

　　网络计费管理:提供采集计费源数据的功能。

　　权限控制:将系统用户划分为不同的角色,为不同的角色指定不同的功能、权限。对于不同权限的用户,只提供他所能访问的功能界面,控制无关信息的显示。

　　数据备份:定期对系统关键数据进行备份,并对备份档案做详细记录,一旦出现意外,系统能够根据备份数据和备份记录数据进行恢复。

　　(三)网络课件开发工具

　　网络课件开发工具可以针对不同学科的特点,将该学科的教学模式抽象为多个可以直接套用的模板,并给予相应资源库的支持。有了丰富的资源和使用简便的教学设计模板,就可方便地实现多媒体课件对交互性的要求。在课件编写过程中,从总体的教学设计到具体的教学方法,从版面设置到对象属性设置,由于每一步都有模板和提示支持,所以经过较短时间的学习,普通教师就可以轻松地完成课件的编写工作。网络课件开发工具主要完成网上课件内容的表示,支持基本教学逻辑的设计。

　　(四)网络教学资源管理系统

　　网络教学资源包括媒体素材库、试题素材库、案例库、网络课件库、文献资料库等,这些资源分别建有索引信息,以便快速地查询、浏览和存取。

另外,资源的收集、编辑、修订等都是充分利用资源库的关键因素,因此需要一个强大的资源管理系统对它进行管理和支持。

网络教学资源管理系统的主要功能是对各种教学资源进行采集、管理、检索和利用。网络教学资源库首先是按照学科来组织,其次按照素材类型来组织,每种类型的素材都需要标记不同的属性,便于归类存储和检索。各种资源按照其物理形态分类存储,并标注各自的属性。

四、资源支持

我国的跨文化交际教学相关研究已经开展了 20 多年,积累了很多宝贵的教学资源,《课程标准》规定了小学六年级学生要达到二级文化意识标准(见表 3–5)。

表 3–5 《义务教育英语课程标准》(2011)二级文化意识标准

级别	标准描述
二级	1.知道英语中最简单的称谓语、问候语和告别语
	2.对一般的赞扬、请求、道歉等做出适当的反应
	3.知道世界上主要的文娱和体育活动
	4.知道英语国家中典型的食品和饮料的名称
	5.知道主要英语国家的首都和国旗
	6.了解主要英语国家的重要标志物,如英国的大本钟等
	7.了解英语国家中重要的节假日
	8.在学习和日常交际中,能初步注意到中外文化异同

为了达到以上标准,目前的小学英语教材中包含了很多文化因素,有的教材用"Culture"作为该部分的主题,有的教材则用"Good to know"作为主题,等等。本书依据《课程标准》,结合"基础教育跨越式创新发展试验"课题已有的网络版资源,充分挖掘教材中的文化教学知识点,并进一步分析和梳理跨文化教学中积累的文化教学资源,将其整合到"跨越式"课题试验学校使用的网络版资源中。图 3–5、图 3–6、图 3–7 和图 3–8 所示均为"跨越式"课题网络版资源的样例,在网页资源中嵌入了文本、图片、视频、音频和动画等各种文件格式的素材。

图 3-5　"跨越式"课题网络版资源样例——词汇部分

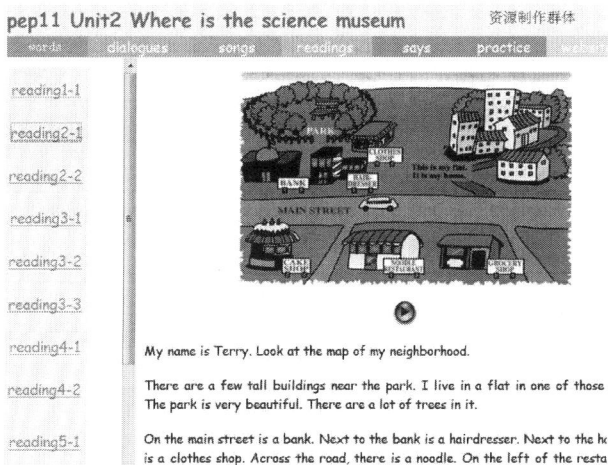

图 3-6　"跨越式"课题网络版资源样例——阅读部分

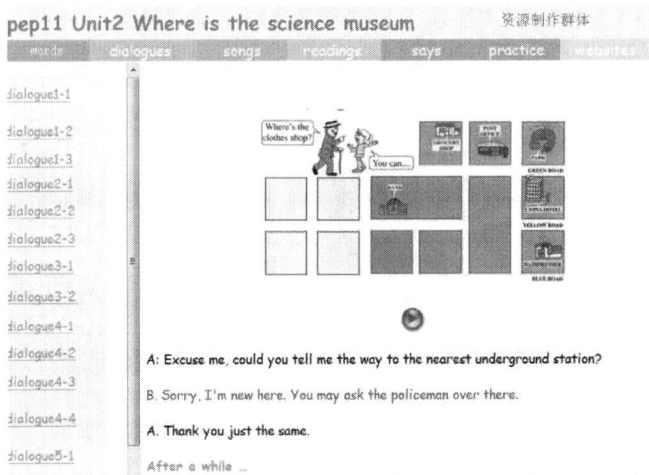

图 3-7 "跨越式"课题网络版资源样例——对话部分

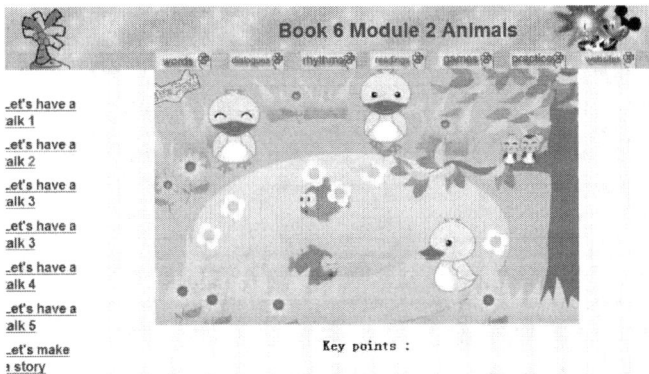

图 3-8 "跨越式"课题网络版资源样例——练习部分

为了便于以专题形式进行文化教学,本书研究将《课程标准》规定的二级文化意识标准归纳为以下 7 个专题,并做成了网络资源包,在 VClass 平台上集成了这些资源。

1.英语中的称谓语、问候语和告别语。

2.对一般的赞扬、请求等做出适当的反应。

3.国际上最重要的文娱和体育活动。

4.英语国家中最常见的饮料和食品。

5.主要英语国家的首都和国旗。

6.世界上主要国家的重要标志物。

7.英语国家的重要节假日。

在这 7 个专题资源中，根据资源的文件格式又可以分为 PPT、jpg、html、SWF 和 mp3 等材料。图 3-9 所示是 PPT 资源的样例，图 3-10 为 SWF 资源样例。

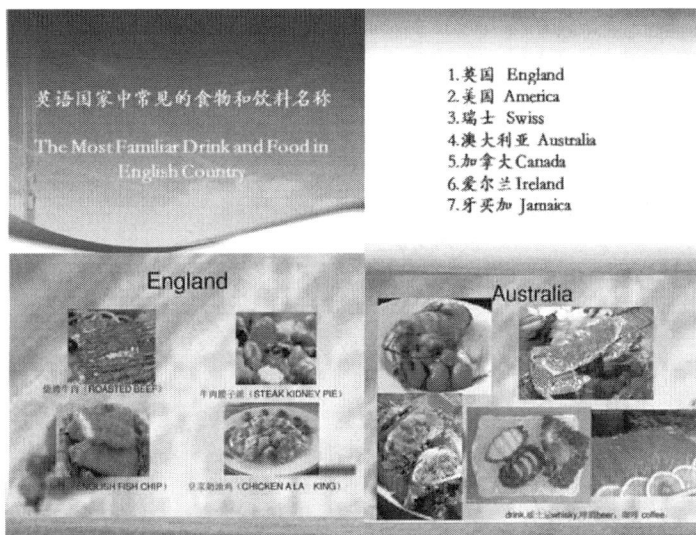

图 3-9　专题资源中 PPT 格式的资源样例

图 3-10　专题资源中 SWF 格式的听力文件资源

第四章　信息技术的不同应用方式对培养跨文化交际素养影响的研究

　　本章主要研究"一对一"网络环境中信息技术的不同应用方式对培养跨文化交际素养的影响,分为三个子实验:一是学习资源的提供方式对跨文化交际素养培养影响效果的研究;二是以概念图为例,研究信息技术类认知工具的使用对跨文化交际素养培养的影响;三是以基于电子邮件的交际为例,探索基于计算机网络媒体的交际对跨文化交际素养培养的影响。在三个子实验的基础上,比较三种信息技术应用方式的效果。本章内容结构如图4-1所示。

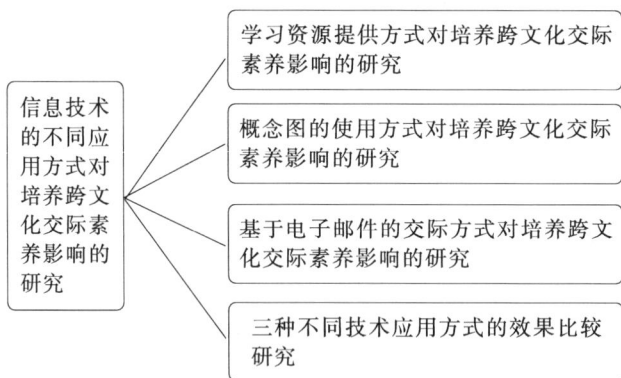

图 4-1　第四章内容结构图

第一节　学习资源提供方式对培养跨文化交际素养影响的研究

根据何克抗教授语觉论的核心思想和克拉申的输入理论,在小学英语文化教学中要为学生学习文化知识创设良好的文化氛围,应该给学生提供一些可理解的"文化输入",比如提供一些关于目的语的文化阅读材料、电影片段等真实的语料。"一对一"数字化学习理论和信息技术与课程整合理论,也要求充分发挥多媒体和网络等信息技术的优势,为小学生跨文化交际素养的培养提供丰富的教学和学习资源,并创设文化学习的情境。

在当前班级授课制的环境里,信息技术主要通过两种使用方式为学生提供学习资源,一是通过多媒体大屏幕的形式提供集体学习的资源;二是在"一对一"网络化和数字化环境里,即通过人手一台电脑的形式为学生提供"一对一"的学习资源。已有研究表明,多媒体大屏幕的资源提供方式要比传统的"黑板+粉笔"和印刷资源提供方式更有优势,更能激发学生的学习兴趣。相比于传统教学,多媒体教学更能促进学生对语言和文化差异的理解并提高其跨文化交际能力。然而,目前很少有将多媒体的班级集中式资源提供方式与"一对一"网络化资源提供方式的教学效果进行比较的研究。

在"基础教育跨越式创新发展试验"课题研究的小学英语课堂中,每节课都有专门的拓展听读(阅读)时间,但是在网络班和非网络班之间,因为课堂环境的差异,所以存在着拓展听读资源提供方式的差异。网络班的学生在"一对一"网络化环境里,使用个人电脑(台式机、笔记本电脑或平板电脑)听读(阅读)教师指定的或推荐的学习材料;非网络班的学生在传统的多媒体教室环境里,听读(阅读)投影到大屏幕上(或教室一体机上)的材料。不同的资源提供方式是否会使学生听读(阅读)学习材料的学习效果产生差异？也就是说，"一对一"网络化资源提供方式与传统多媒体资源提供方式在培养学生跨文化交际素养上是否有差异？这种差异到底是什么？为了回答这些问题，笔者设计了一个准实验进行探索。

一、实验设计

根据预研究的实施结果和研究目标，本书研究选用"实验组对照组前测后测时间系列准实验"设计方案。

实验组对照组前测后测时间系列准实验设计是一种准实验设计方案，包括一个实验组和一个对照组，既有后测也有前测。该实验方案的实施过程是：两组被试在处理前都接受测量（前测），然后只对一组施加实验处理，施加处理后再同时测量两个组（后测）。

实验变量要素及方案设计如下：

1. 自变量

学习资源的提供方式（"一对一"网络化资源提供方式、传统多媒体集中统一资源提供方式）。

2. 因变量

小学生跨文化交际素养（包括跨文化交际意识、交际知识、交际能力三个维度）。

3. 实验对象

本实验采用来自西部地区的 HS 中学的两个六年级班级（该学校有中学部和小学部，从 2009 年开始参加"基础教育跨越式创新发展试验"课题），其中一个为网络班，另一个为非网络班。网络班有 31 人，为实验班；非网络班有 28 人，为对照班。

4. 实验设计条件与流程描述

网络班作为实验班，符合"一对一"网络环境的布置要求，在英语课的拓展听读环节采用"一对一"网络化资源提供方式，教师将网络版的拓展听读材料发布到 VClass 平台上，学生可以选择适合自己的材料听读。非网络班作为对照班，教师使用"多媒体大屏幕+印刷材料"的方式集中统一提供资源,学生可以集体阅读大屏幕上的材料,读完大屏幕上的材料后根据自己的情况选择印刷材料阅读。

实验流程如图 4-2 所示。

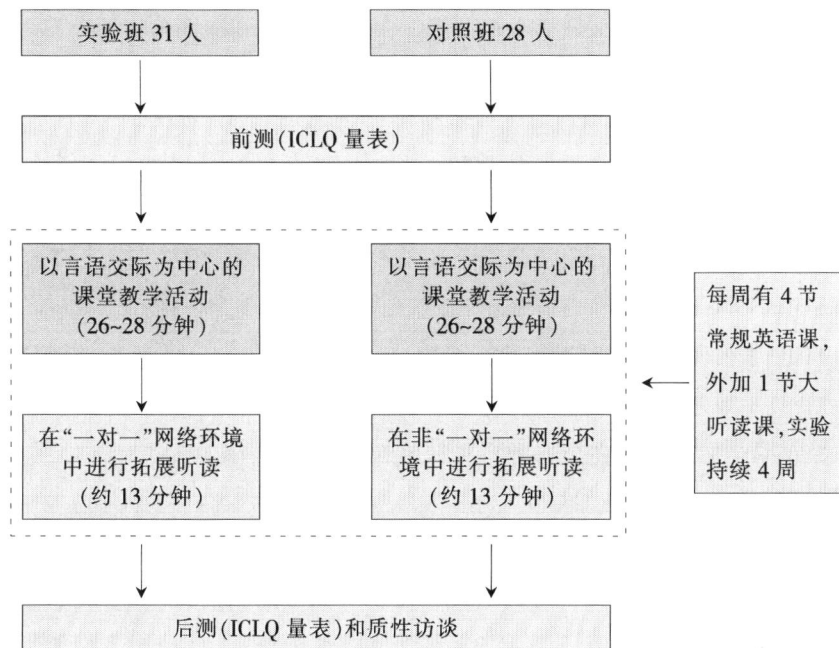

```
┌──────────────────┐      ┌──────────────────┐
│   实验班 31 人    │      │   对照班 28 人    │
└──────────────────┘      └──────────────────┘
        │                         │
        ▼                         ▼
┌──────────────────────────────────────────────┐
│            前测(ICLQ 量表)                     │
└──────────────────────────────────────────────┘
        │                         │
        ▼                         ▼
┌ ─ ─ ─ ─ ─ ─ ─ ─ ─ ─ ─ ─ ─ ─ ─ ─ ─ ─ ─ ─ ─ ┐
  ┌──────────────┐      ┌──────────────┐          ┌──────────────┐
│ │以言语交际为中心│      │以言语交际为中心│        │ │ 每周有 4 节  │
  │的课堂教学活动  │      │的课堂教学活动  │          │ 常规英语课,  │
│ │(26~28 分钟)  │      │(26~28 分钟)  │        │ │ 外加 1 节大  │◄──
  └──────────────┘      └──────────────┘          │ 听读课,实验  │
│        │                     │             │    │ 持续 4 周    │
         ▼                     ▼                   └──────────────┘
│ ┌──────────────┐      ┌──────────────┐      │
  │在"一对一"网络  │      │在非"一对一"网 │
│ │环境中进行拓展听│      │络环境中进行拓展│     │
  │读(约 13 分钟)│      │听读(约 13 分钟)│
│ └──────────────┘      └──────────────┘      │
└ ─ ─ ─ ─ ─ ─ ─ ─ ─ ─ ─ ─ ─ ─ ─ ─ ─ ─ ─ ─ ─ ┘
        │                         │
        ▼                         ▼
┌──────────────────────────────────────────────┐
│        后测(ICLQ 量表)和质性访谈               │
└──────────────────────────────────────────────┘
```

图 4-2　学习资源提供方式研究的准实验设计

5.资源描述

在资源设计上,每个单元的拓展材料都是由词汇(Words)、句型(Dialogue)、歌谣(Chant or Songs)、阅读(Reading)、听力(Listening)、练习(Practice)等部分构成。但在资源内容和主题上,与"基础教育跨越式创新发展试验"课题的常规性拓展材料不同的是,这几个单元的资源将重点反映英语学习的文化常识、中西方文化差异。课题组人员本着文化性、情景性、趣味性、交际性、层次性和原生态等原则选择拓展材料,并将这些材料编辑为听读资源。

(1)文化性是指突出了材料的跨文化特性,多以反映欧美国家文化现象的材料为主,涉及文化的多样性,包括欧美国家的历史地理、风土人情、传统习俗、生活方式、文学艺术等。

(2)情景性是指语言材料将词汇、常用句型、习惯用语等融入各种生活场景,让学习者体会不同文化背景、生活情景与语境。比如在学习"Unit 4 I have a pen pal"时,网络版拓展材料里有一篇是介绍"我"的几个来自世界各地的笔友(pen pal),材料后面的部分就把这几个笔友所在国家的首都、国旗和标志物用 PPT 资源展示出来(见图 4-3、图 4-4)。这些拓展材料可以让孩子们在阅读中认识这些文化符号,从而形成跨文化意识。

(3)趣味性是指无论在内容上还是表现形式上都遵循趣味性原则,以文化趣闻为素材,设置小故事、歌曲等载体和形式。

(4)交际性是指拓展材料要体现"以交际为中心",设置了对话版块,让学生通过读和听去感受对话中人物的交际过程。

(5)层次性是指材料的编排遵循由易到难的顺序,前面的几篇材料篇幅短、生词量少,后面的材料篇幅长、生词量多,难度逐渐增加。

(6)原生态是指听读材料一般都选自原声电影,或是摘自英美报刊上适合小学高年级学生阅读的小片段等,原汁原味。

图 4-3　拓展阅读中的文化符号

Santa Claus Jr
圣诞老人

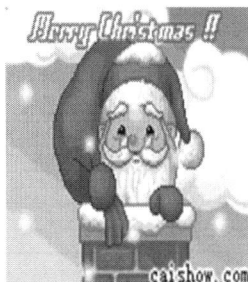

- The red and white gain by contrast is Santa Claus, he is the most popular Christmas activity. Children in the west before Christmas Eve, in the fireplace or put a pillow next to the socks, waiting for Santa Claus to fall asleep after they put on the socks in a gift. In the west, to play Santa Claus is also a custom.

- 红色与白色相映成趣的是圣诞老人,他是圣诞夜活动中最受欢迎的人物。西方儿童在圣诞夜临睡之前,要在壁炉前或枕头旁放上一只袜子,等候圣诞老人在他们入睡后把礼物放在袜子内。在西方,扮演圣诞老人也是一种习俗。

图 4-4　拓展阅读材料中的文化符号

6.无关变量的控制

无关变量也称控制变量,指实验中除实验变量(自变量)以外的影响实验现象或结果的因素或条件。它会妨碍实验者对所得的结果做出正确的判断和解释。可以说,对实验因素的控制,就是对自变量的操纵和无关变量的控制。如果在实验中,无关变量随着自变量的操作变化也发生变化,那么因变量的变化就不只是自变量变化所引起的结果了。

为了控制或降低无关变量的影响,本实验中的两个班级由同一位教师授课;为了尽量保证两个班的学生在信息输入量上的一致性,使用印刷材料来呈现大屏幕上没有出现的阅读材料,并提供给对照班的学生进行阅读,基本保证其篇幅和内容与实验班拓展材料一致。

7.实验假设

假设 1-1:"一对一"学习资源提供方式与传统学习资源提供方式在促进小学生跨文化交际素养培养方面存在显著性差异。

该假设可以分为三个子假设:

假设 1-1-1:"一对一"学习资源提供方式与传统学习资源提供方式在促进小学生跨文化交际意识培养方面存在显著性差异;

假设 1-1-2:"一对一"学习资源提供方式与传统学习资源提供方式在促进小学生跨文化交际知识学习方面存在显著性差异;

假设 1-1-3:"一对一"学习资源提供方式与传统学习资源提供方式在促进小学生跨文化交际能力培养方面存在显著性差异。

二、实验实施

实验从 2013 年 9 月开始,到 2013 年 10 月结束,持续 4 周。

实验前先对选定的两个自然班级使用跨文化交际素养量表(ICLQ)进行测量(前测),测量完成后实验正式开始。实验班和对照班每周有 4 课时的常规课,外加 1 课时的听读课。在常规课中,实验班学生和对照班学生在参与完教师和学生的言语交际活动以后,进入拓展听读环节,教师会指定一些必读和选读篇目,实验班学生每人一台电脑,登录 VClass 平台,从教师指定的材料中选择,进行个人自主听读;因为对照班没有电脑,教师会选择 2~3 篇材料,在大屏幕上展示的同时播放录音,学生集体进行听读,之后学生自行阅读印刷的拓展材料。在专门的听读课中,一节课的时间分成两部分,学生听 15 分钟左右,读 25 分钟左右,两个班的学生使用资源的方式和常规课一样。4 周的实验教学结束以后,使用 ICLQ 量表进行一次测试(后测)。为了消除同一个量表两次测试时,前测对后测的干扰效应,后测时,研究者故意将所有题目的顺序打乱。测试完成后,从两个班级中各随机抽取了 4 名学生进行访谈。访谈内容包括 4 个问题,因为实验班和对照班提供资源的方式不一样,所以问题略有差异。表 4-1 展示的是实验班学生的访谈问题,表 4-2 展示的是对照班学生的访谈问题。

表 4-1 实验班学生的访谈问题

问题序号	问题内容
Q1	你是否喜欢阅读(听)老师在 VClass 平台中为你提供的这些拓展听读资源?为什么?
Q2	让你们每个人使用一台电脑听读这些材料,或者让你们集体用一台电脑听读材料,你更喜欢哪一种方式?为什么?
Q3	VClass 平台上面的所有短文你都读完了吗?除了这些,在拓展听读的时间里你还阅读了哪些资料?
Q4	你在阅读这些材料的时候是否遇到困难,比如不认识单词或者读不懂某句话。你是如何解决这些困难的?

表4-2 对照班学生的访谈问题

问题序号	问题内容
Q1	你是否喜欢阅读(听)老师在大屏幕上为你们提供的这些拓展听读资源？为什么？
Q2	如果有机会让你们每个人使用一台电脑听读这些材料,和现在这种方式相比,你更喜欢哪一种方式？为什么？
Q3	大屏幕以及印刷材料上面的所有短文你都读完了吗？在拓展听读环节你还阅读了哪些资料？
Q4	你在阅读这些材料的时候是否遇到困难,比如不认识单词或者读不懂某句话。你是如何解决这些困难的？

三、实验结果

(一)前后测数据结果

对前测数据进行独立样本 t 检验，发现两个班级的数据无显著性差异。实验班和对照班在跨文化交际意识、知识和能力三个维度以及总分上没有显著性差异(见表4-3)。

表4-3 不同资源提供方式前测数据独立样本 t 检验结果

	Class	N	Mean	SD	T
意识	实验班	31	3.48	0.45	0.16
	对照班	28	3.46	0.46	—
知识	实验班	31	3.90	0.37	1.01
	对照班	28	3.79	0.41	—
能力	实验班	31	3.60	0.33	1.33
	对照班	28	3.48	0.38	—
总分	实验班	31	10.99	0.85	1.05
	对照班	28	10.74	0.95	—

后测数据中,先对两个班进行独立样本 t 检验。结果显示,在跨文化交际意识维度上,$t=2.09$、$p<0.05$,实验班和对照班存在统计学意义上的显著性差异,接受原假设(假设 1-1-1);在跨文化交际知识维度上,$t=2.16$、$p<0.05$，实验班和对照班存在统计学意义上的显著性差异，接受原假设(假设 1-1-2);在跨文化交际能力维度上,$t=1.42$,$p>0.05$,实验班和对照

班不存在统计学意义上的显著性差异,拒绝原假设(假设1-1-3);在总分维度上,t=2.56、p<0.05,呈显著性差异,接受原假设(假设1-1),实验班平均分高于对照班平均分0.39分(见表4-4)。

表4-4 不同资源提供方式后测数据独立样本t检验结果

	Class	N	Mean	SD	T
意识	实验班	31	3.79	0.37	2.09*
	对照班	28	3.61	0.28	—
知识	实验班	31	4.06	0.24	2.16*
	对照班	28	3.92	0.24	—
能力	实验班	31	3.63	0.28	1.42
	对照班	28	3.52	0.35	—
总分	实验班	31	11.49	0.65	2.56*
	对照班	28	11.05	0.67	—

(*p<0.05)

将每个班级的前测数据与后测数据进行对比,发现与前测数据相比,三个维度上的后测数据发生了一些变化。对照班的前后测差异如图4-5所示,实验班的前后测差异如图4-6所示。

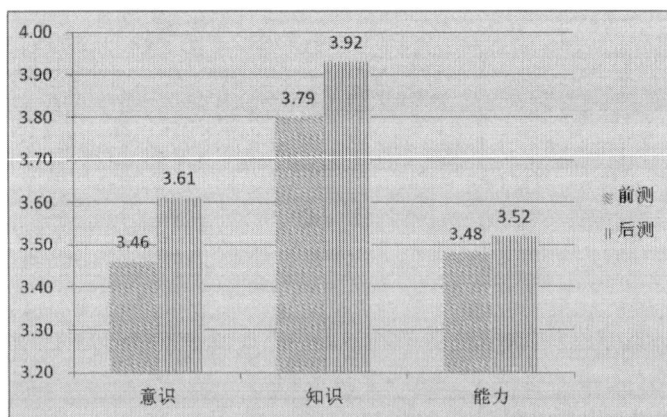

图4-5 对照班前后测数据对比柱状图

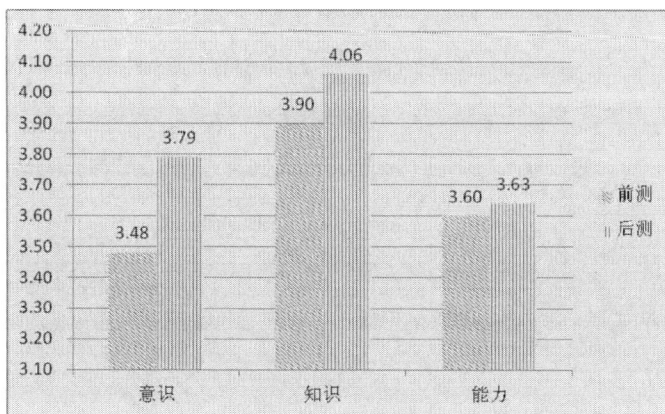

图 4-6　实验班前后测数据对比柱状图

　　进一步对每个班的前后测数据分别进行配对样本 t 检验，可以看出两个班在实验前后发生的不同变化。对照班的前后测数据配对样本 t 检验只在跨文化交际知识层面上存在显著性差异($t=1.60$，$p<0.05$)，其他两个维度以及总分上不存在显著性差异；实验班的前后测数据配对样本 t 检验结果显示，在跨文化交际意识($t=3.38$，$p<0.01$)和跨文化交际知识($t=2.23$，$p<0.05$)这两个维度以及总分维度($t=3.41$，$p<0.01$)上都存在显著性差异，并且意识维度和总分维度的差异非常显著($p<0.01$)(见表 4-5)。

表 4-5　不同资源提供方式前后测数据配对样本 t 检验结果

班级	维度	后测	前测	t 值
对照班	意识	3.61 ± 0.28	3.46 ± 0.46	1.49
	知识	3.92 ± 0.24	3.79 ± 0.41	1.60*
	能力	3.51 ± 0.35	3.48 ± 0.38	0.42
	总分	11.05 ± 0.67	10.74 ± 0.95	1.28
实验班	意识	3.79 ± 0.37	3.48 ± 0.45	3.38**
	知识	4.06 ± 0.24	3.90 ± 0.37	2.23*
	能力	3.63 ± 0.28	3.60 ± 0.33	0.78
	总分	11.49 ± 0.65	10.99 ± 0.85	3.41**

($*p<0.05$，$**p<0.01$)

为了排除前测数据的影响,本实验将前测数据作为协变量,对其进行协方差分析,得到结果如表4-6所示。结果显示,实验班与对照班在总分上存在显著性差异。

表4-6 不同资源提供方式协方差分析结果

	N	Mean	SD	Adjusted mean	F	p
A 实验班	31	11.49	0.65	11.46	5.32	0.025
B 对照班	28	11.05	0.67	11.08	—	A>B*

(二)访谈结果

对第一个问题的回答,实验班的4名学生都表示喜欢听读这些资源,其中两位学生给出的理由是:"这些材料非常有趣,向我们介绍了外国人的一些生活习俗,包含着外国文化,比如有的包含外国节日,有的包含饮食习惯,等等。使我们学到了知识,开阔了视野。另外,这些资源都有图片和配音,可以一边听一边看。"另外两位学生给出的理由是:"平台里的音视频片段很精彩,人物之间的对话很自然、真实。"对照班的4名学生中有3名表示喜欢听读老师在大屏幕给出的资源,"因为这些资源都包含外国文化,对课本的内容是很好的补充,阅读材料带有配音"。有1名学生表示不喜欢,因为他觉得"自己阅读速度慢,老师用大屏幕放一篇短文,自己还没读完,其他同学读完了,老师就把PPT翻页了"。

研究发现,学生的阅读能力差异很大,他们在词汇量、阅读速度和阅读策略上各不相同。但就阅读速度来看,对照班使用大屏幕集体阅读材料,有的学生阅读完了一个PPT页面,有的学生才阅读了一半,结果是阅读速度快的学生只好等待阅读速度慢的学生,致使阅读速度快的学生的阅读思维中断,而如果不等待,那么阅读慢的学生就读不完。

对第二个问题的回答,实验班的所有受访学生都表示喜欢这种"一对一"学习资源的呈现方式。4人给出的回答全部是:喜欢这种方式,其实主要是因为它比较方便、自由,可以根据自己的需要去选择想听的或想读的材料。所有对照班受访学生也都表示当然希望自己有一台笔记本电脑,这样在拓展听读的时候可以根据自己的进度选择阅读。

对第三个问题,实验班的受访学生中只有两人基本能够听读完这些拓展材料,听读完这些材料后,他们还登录了阅读材料后面附的超链接网址,这是一些与该单元主题相关的英语学习网站,包含一些原汁原味的英语学习资料。对照班的学生每节课都从大屏幕上听读约两篇文章,剩下的时间阅读印刷材料上的文章,也只有两名受访学生刚刚能够读完拓展材料,他们继续阅读的内容仅限于老师为其打印的那几页拓展材料,并没有读其他内容。

对第四个问题,两个班级受访学生的回答差异很大。实验班的学生表示在遇到阅读困难时,往往在第一时间利用电脑和信息技术自行解决,比如遇到不认识的单词,就用电脑上安装的金山词霸、有道词典等软件进行查询;遇到疑难句子或不明白的文化问题时就利用百度搜索、360搜索、在线翻译等进行搜索、查询和翻译,或者请教同伴,实在不明白时再问老师。与此不同的是,对照班的学生遇到阅读困难时,比如单词不认识或句子不明白,大多数学生先请教老师,他们使用信息技术解决学习问题的意识没有实验班的学生高。

四、分析讨论

前测数据的独立样本 t 检验结果说明,实验前两个班级在跨文化交际素养的三个维度上不存在显著性差异,这是因为,实验班和对照班在此前的日常教学中没有涉及文化教学部分。虽然实验之前网络班的学生一直使用平台上的资源作为日常拓展听读的材料,但是由于在教学中没有涉及文化方面的内容,教师没有将文化知识有效地融入教学,平台中的资源也缺乏"跨文化性",平台没有发挥其提供丰富、多样、真实和个性化的跨文化资源的作用。因此,两个班的学生在前测的跨文化交际素养对比上并没有显著性差异。

后测数据的独立样本 t 检验结果说明,两个班级在跨文化交际意识、知识和总分上存在显著性差异,说明"一对一"学习资源提供方式能够在一定程度上提高学生跨文化交际意识和知识这两个维度的学习效果,有助于跨文化交际素养的培养。

两个班级前后测的配对样本 t 检验结果说明, 实验班的进步明显好于对照班。协方差分析去除了前测数据的影响,因此其结果更为准确,能够说明不同的资源提供方式在培养学生跨文化交际素养上的确存在显著性差异。

在整个实验过程中,两个班级的教师教授活动、师生交际活动、学生间的交际活动基本是一致的,也就是说,只有在拓展听读资源的提供方式上是不同的,实验班采用"一对一"数字化提供方式,对照班采用传统的大屏幕和印刷材料的提供方式。根据美国著名语言学家贝尔斯托克(Bialystok)的第二语言学习策略模式和文化导入模式可知,信息输入方式的不同和数量的差异极有可能引起学习者输出层的信息变化。这说明"一对一"的学习资源提供方式对促进学生跨文化交际意识和知识的培养有一定的有效性。

从对学生的访谈来看,实验班的学生们对拓展资源的主题内容、表现形式和资源提供方式是比较满意的。主题内容反映了一定的文化现象,可以开阔他们的视野,这些资源使学生的学习内容不再拘泥于课本,学生阅读、了解了更多的资源,增大了课堂的阅读量,拓展了课堂学习的广度。根据文化输入理论,这些材料是促使学生的文化习得从"i"阶段发展到"i+1"阶段的"可理解性的输入",这样又加深了课堂学习的深度。

兰迪斯在《孩子们在看:媒体如何传授多样性》(*The Children are watching: How the media teach about diversity*) 一书中提出,媒体扮演五种独特但是相互关联的跨文化教化(教育)角色类型,其中的展示信息、组织信息和思想是媒体的重要作用。在上述实验提供拓展听读资源的过程中,利用媒体的信息展示和组织功能将文化知识整合起来,展示了某些群体和国家的跨文化话题信息,这些内容是课本上所没有的,受到孩子们的欢迎。

对照班学生认为拓展资源的主题不错,多媒体的形式也很好,但是学

生们的阅读速度不一致，导致阅读速度慢的学生可能无法跟上老师 PPT
翻页的速度。

从表现形式看，"一对一"环境中的资源都是富媒体(Rich-media)特
性的。根据达夫特(Richard L. Daft)和伦格尔(Robert H.Lengel)于 1986 年
提出的媒介丰富性理论(Media Richness Theory)，"一对一"网络环境中的
资源都是视听结合的、以音视频及动画为主的资料，其媒体丰富度明显高
于传统印刷媒体。这些形式都是学生们比较喜欢的内容呈现方式，图文声
像并茂，能够引起兴趣，实现语言学习与文化习得的整合。这也比较符合
心理学家的研究成果，因为心理学家认为，人们获得的信息 83% 来自视
觉、11% 来自听觉，两者相加就有 94%。在拓展听读中，学生通过使用视听
资源了解到英语国家的文化和习俗，学生听到人们在各种场合进行的言
语交际，还能看到人们进行的具有某种文化特征的非言语交际及不同的
交际背景，使文化知识更加具体、全面、真实，这对培养和增强学生的跨文
化意识起到了积极作用，这是各种书籍及教师的讲解无法替代的。

另外，"一对一"的资源提供方式与传统的大屏幕集体资源提供方式
相比更灵活，更易于差异化教学的实现，或者说，"一对一"的资源提供方
式打破了"齐步前进"的传统集体教学模式，解决了传统教学无法解决的
"多边互动"问题，即优秀的学生可以快一点前进，学习能力弱的学生可以
慢一点前进。

从教学结构的视角来看，传统大屏幕的呈现方式是"以教师为中心"
的教学结构，而"一对一"的资源提供方式是"以学生为中心"的教学结构。
"一对一"的资源提供方式允许学生根据自己的兴趣爱好、学习能力和学
习进度自行选择和安排相应的学习活动，使学生由被动的知识接受者转
变为积极的课堂参与者和知识的主动建构者。"一对一"方式让学生比较
自由地发挥个性，教师不会因为要照顾学习困难一点的学生放慢速度而
使优生"吃不饱"，也不会因为要照顾优秀的学生而加快速度或加大难度
而使困难生"吃不消"。优秀生和困难生可以根据自己的需求和能力自主
安排学习的进度，从而实现自主的、积极的学习。

　　为了进一步验证"一对一"资源提供方式所具有的差异化教学特点,笔者咨询了实验教师。实验教师表示,根据她的亲身感受和来自课堂观察的结果,都可以说明"一对一"方式为因材施教提供了良好的条件。

　　从解决阅读难题的方式上可以看出, 实验班学生的自主学习意识和能力更强一些,他们更善于运用信息技术去解决问题,而且其信息素养比对照班学生的信息素养高。这是因为在"一对一"网络环境中,每个学生都拥有自己的电脑,每个学生都会有更多的实践机会,他们借助电脑收集数据,创造性地寻找解决问题的办法。而对照班的孩子在遇到阅读障碍时,通常的做法是请教教师,从这种比较普遍的做法可以看出,对照班学生的自主学习和问题解决意识稍有欠缺。这个结果虽然不是本实验要证明的,但是其与跨越式"一对一"数字化教学的其他研究所得出的结论是非常相似的。

五、结论与建议

（一）结论

　　"一对一"的资源提供方式拥有其他方式无法替代的优势,不但能够根据教材的主题提供更丰富的、富有时代气息的真实材料,丰富和拓展相关信息与背景知识,学生还能利用网络语料库资源去实现在一定的文化语境中对词语、习语等语言现象的理解。"一对一"的资源提供方式与多媒体大屏幕集中资源提供方式相比,更具个性化和层次性,可以根据学生的个体特征提供符合其学习需求的资源,学生也具有了更大的学习自主性,利于实现分层次教学。"一对一"的资源提供方式与传统印刷资源提供方式相比,具有视听结合、信息超链接的特性,更具有富媒性,有助于增强学生对语言和文化的感知,更容易引起学生的阅读兴趣,从而提高其学习效率。

（二）建议

　　根据以上研究结论,笔者认为"一对一"的资源提供方式应该符合以下四项使用原则。

1.富媒体性和多样性

"一对一"网络环境要发挥在资源呈现方面的富媒体优势,以其特有的多样性为跨文化交际教学提供文化资源。教师可以通过网络搜索一些反映跨文化的图片、音视频、影视片段、动画等素材,为课文提供背景知识,将其作为拓展资源供学生阅读和欣赏,以便学生更好地了解异国文化。

2.个性化

"一对一"网络环境为个性化教学提供了技术基础。教师要根据学生不同的学习需求和学习风格,精心选择和设计相应的资源并提供给学生。比如,教师在为学生提供资源时,要区分阅读材料的篇幅和主题内容等;VClass系统也要允许学习者定制自己喜欢的资源界面和资源类型,满足其个性化学习需求。

3.层次性

"一对一"网络环境提供的资源应该具有层次性,内容有难易之分,能够满足不同学习水平学生的需要。这样,学习能力弱的学生可以阅读难度小的材料,学习能力强的学生可以阅读难度大的材料。

4.相关性

"一对一"方式提供的资源应该与课文的主题相关。就文化教学而言,尤其要选择一些地道的、原汁原味的阅读材料供学生阅读学习,这样不仅能营造语言学习的环境,还可以使学生掌握地道的英语思维和文化,实现理解与表达、交流与沟通的目的。

第二节 概念图的使用方式对培养跨文化交际素养影响的研究

根据计算机辅助语言学习理论及信息技术与课程的深层次整合理论,"一对一"网络环境中的信息技术不仅是教师进行文化教学的辅助工具,而且是一种能够促进学生学习文化知识并建构文化理解的认知工具。学生借助信息技术类认知工具,可以将知识内化和可视化表征,形成认知网络,最终促进文化知识的学习。

知识管理和知识建构领域的研究提出了一些促进学习者知识建构的策略和认知工具(Liaw,2005;Sara,2011)。认知工具(Mind Tool)是一种基于计算机的、能够促进个人知识解释和组织的方式,是支持、指引和扩充学习者思想过程的心智模式和设备,能帮助和促进认知过程,在培养学习者的批判性思维、创造性思维和综合思维方面起着重要作用。已有研究表明,在文化教学中将信息技术作为认知工具可以促进学生的学习。

概念图是一种典型的基于认知主义学习理论的认知工具,其理论基础是奥苏贝尔(Ausubel)的认知主义学习理论。知识的构建是从通过已有的概念对事物进行观察和认识开始的。学习就是建立一个概念网络,不断向网络增添新内容。为了使学习有意义,学习者必须把新知识和学过的概念联系起来。

概念图是一种用节点代表概念、用连线表示概念间关系的图示法,由诺瓦克于 1970 年提出,是一种知识以及知识之间的关系的网络化图形化表征,也是思维可视化的表征。一幅概念图一般由"节点""链接"和"文字标注"组成。节点是表示某个概念的几何图形、图案、文字等符号,每个节点表示一个概念,同一层级的概念一般用同种符号(图形)标识。链接表示不同节点间的有意义的关系,常用各种形式的线链接不同节点,表达了构图者对概念的理解程度。文字标注可以表示不同节点上的概念的关系,也可以是对节点上的概念的详细阐述,还可以是对整幅图的说明。

随着联通主义学习理论和分布式认知理论的发展,概念图在教学中的作用越来越受到重视。Hwang、Shi and Chu 发现概念图有利于学生的知识建构,在外语教学中概念图可以清晰形象地呈现知识结构,学习者可以利用概念图将所学知识进行分类、比较、总结,进而更好地梳理和记忆知识。在小学英语的文化教学中,概念图的使用可帮助教师更全面地教学,也可帮助学生更全面地了解英语国家的文化。

由于概念图自身的特性,概念图既可以用 Mindmanager、MindMapper、Inspiration、Freemind 等软件来绘制,也可以用纸笔绘制。这两种概念图的绘制方式在文化教学中的效果是否有差异，哪一种更有利于小学生跨文化交际素养的培养，目前还没有相关研究。因此，为了探索文化教学中使用软件概念图和纸笔概念图之间的差异，及其对培养小学生跨文化交际素养的影响，笔者与课题组设计了一个准实验进行研究。

一、实验设计

本研究同样采用实验组对照组前后测时间系列准实验方案。实验方案如下：

1.自变量：概念图的使用方式（使用概念图软件绘制概念图，使用纸笔绘制概念图）。

2.因变量：小学生跨文化交际素养（包括跨文化交际意识、交际知识和交际能力三个维度）。

3.实验对象：HS 学校两个小学六年级"跨越式"自然班，一个为网络班，另一个为非网络班。网络班 27 人，为实验班；非网络班 29 人，为对照班。

4.学习内容：根据《义务教育英语课程标准》(2011)，研究人员与实验教师在《课程标准》规定的范围内共同确定了反映跨文化交际知识的四个主题：主题 1"英语国家的饮食文化"，主题 2"英语国家的颜色文化"，主题 3"英语国家的节日文化"，主题 4"英语国家的标志物文化"。以上内容共学习 4 周，每周学习一个主题。

5.实验流程：实验共分前测、实施和后测三个阶段，实施阶段包括实验教师讲解文化主题、学生使用概念图梳理总结文化知识、分享、评价等步骤，具体流程如图 4-7 所示。

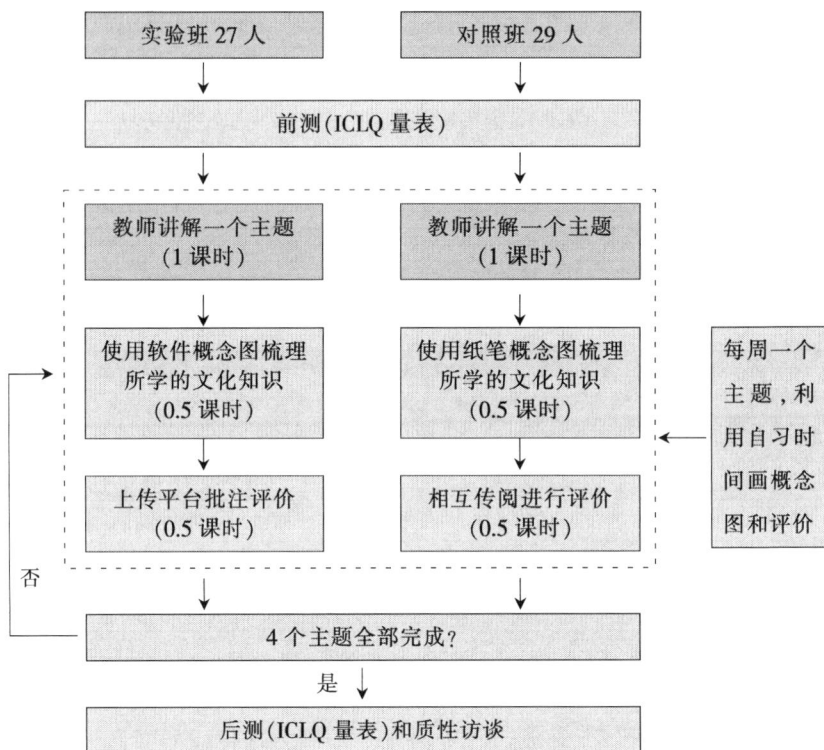

图 4-7　概念图使用方式的实验设计流程图

6.实验假设:

假设 1-2:使用软件概念图与使用纸笔概念图在促进小学生跨文化交际素养培养方面存在显著性差异。

该假设可以分为三个子假设:

假设 1-2-1:软件概念图与纸笔概念图在培养小学生跨文化交际意识方面存在显著性差异;

假设 1-2-2:软件概念图与纸笔概念图在促进小学生跨文化交际知识学习方面存在显著性差异;

假设 1-2-3:软件概念图与纸笔概念图在培养小学生跨文化交际能力方面存在显著性差异。

7.无关变量的控制:在实验过程中为防止出现霍桑效应,学生均未被告知实验目的；为了保证教学效果的一致性，两个班级由同一位教师授课，教师讲解的专题文化知识一致，学生的学习时间一致。

二、实验实施

实验从 2013 年 9 月开始，到 2013 年 10 月结束，持续 4 周。

选择一个网络班和一个非网络班作为研究对象，对两个班级使用 I-CLQ 量表进行前测。测试结束后实验正式开始，教师每周利用 1 课时讲解一个文化主题(包括这个主题的文化常识、中西方文化差异和跨文化交际指南)，学生学习完一个主题后，利用半节课的时间使用概念图对所学的文化知识进行梳理总结。实验班学生在"一对一"网络环境中使用概念图软件 Mindmanager 创作概念图，对照班学生使用纸笔画出概念图梳理文化知识。实验班教师要求学生完成概念图作品之后将其上传到 VClass 平台，图 4-8 所示是教师布置的作业标题、作业时间和作业说明。

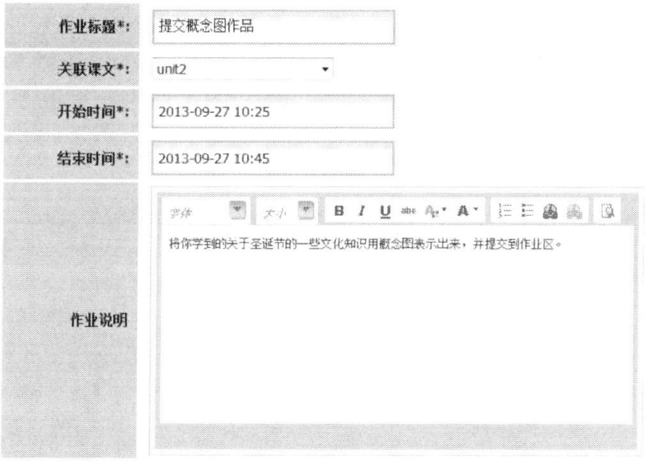

图 4-8 教师布置的作业标题、作业时间和作业说明

实验班的学生可以在 VClass 平台上分享自己的作品并查看本班其他同学上传的作品，并在平台中对其他同学的概念图作品进行评价。对照班的学生完成概念图后，将纸质概念图在班级中传阅，并进行评价。

两个班级每周都学习同一个文化主题，4 周之后进行后测，后测同样使用 ICLQ 量表。为了消除同一个量表两次测试时，前次测试对后次测试的干扰效应，后测时，研究者将所有题目的顺序打乱。后测结束后，研究人员在实验教师的帮助下挑选了一个主题，然后分别对实验班和对照班上交的关于该主题的概念图作品进行内容分析，两位教师根据事先设计的类目表格共同评判。

三、实验结果

(一)前后测数据结果

对前测数据进行独立样本 t 检验，发现实验班和对照班在跨文化交际意识、知识和能力三个维度以及总分上没有显著性差异(见表 4-7)。

表 4-7　概念图使用方式前测独立样本 t 检验结果

	Class	N	Mean	SD	t
意识	实验班	27	3.55	0.19	-0.86
	对照班	29	3.59	0.17	—
知识	实验班	27	3.87	0.21	0.76
	对照班	29	3.84	0.16	—
能力	实验班	27	3.70	0.23	0.58
	对照班	29	3.66	0.22	—
总分	实验班	27	11.13	0.34	0.36
	对照班	29	11.10	0.31	—

实验结束之后，对两个班的后测数据进行对比，发现实验班在三个维度上的平均得分都高于对照班(见图 4-9)。

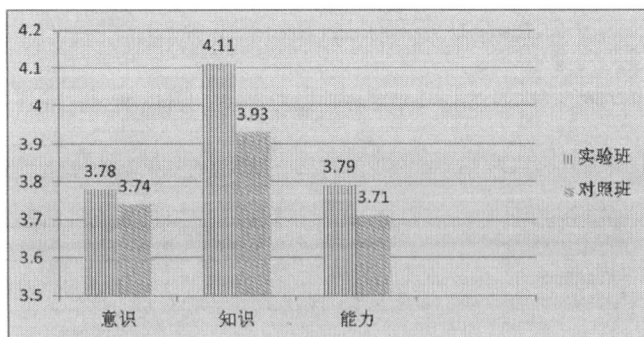

图 4-9　实验班与对照班在概念图软件使用后测上的对比图

将两个班的后测数据进行独立样本 t 检验(见表 4-8)。在跨文化交际意识维度上,t=0.56、p>0.05,实验班和对照班不存在统计学意义上的显著性差异,拒绝原假设(假设 1-2-1);在跨文化交际知识维度上,t=3.03、p<0.01,实验班和对照班存在统计学意义上的显著性差异,接受原假设(假设 1-2-2);在跨文化交际能力维度上,t=0.99、p>0.05,实验班和对照班不存在统计学意义上的显著性差异,拒绝原假设(假设 1-2-3);在总分维度上,t=2.10、p<0.05,两者呈显著性差异,实验班的平均分高于对照班平均分 0.30 分,接受原假设(假设 1-2)。

表 4-8　概念图使用方式后测数据独立样本 t 检验结果

	Class	n	Mean	SD	T
意识	实验班	27	3.78	0.24	0.56
	对照班	29	3.74	0.25	—
知识	实验班	27	4.11	0.19	3.03**
	对照班	29	3.93	0.25	—
能力	实验班	27	3.79	0.24	0.99
	对照班	29	3.71	0.34	—
总分	实验班	27	11.69	0.39	2.10 *
	对照班	29	11.39	0.66	—

($*p<0.05$, $**p<0.01$)

将每个班级的后测与前测数据对比,发现每个班级的后测与前测对比均存在差异。对照班前后测差异如图 4-10 所示,实验班前后测差异如图 4-11 所示。

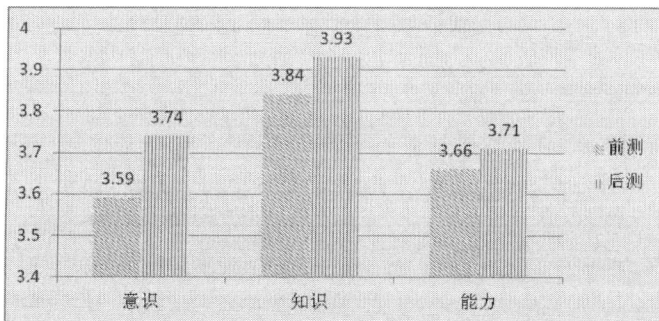

图 4-10　对照班前后测对比柱状图

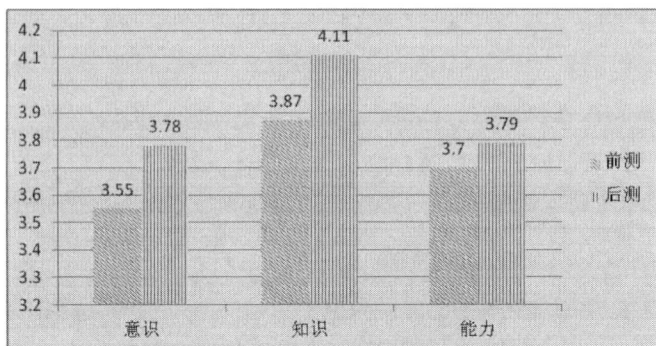

图4-11 实验班前后测对比柱状图

对每个班的前后测数据分别进行配对样本 t 检验，发现对照班在实验前后的变化不显著(见表 4-9)；实验班前后测在跨文化交际意识(t=4.64,p<0.01)、跨文化交际知识(t=4.11,p<0.01)两个维度和总分(t=5.76,p<0.01)上存在显著性差异(见表 4-10)，但是在跨文化交际能力维度上(t=1.37,p>0.05)，没有显著性差异。

表 4-9 对照班前测后测配对样本 t 检验结果

	后测	前测	t
意识	3.74 ± 0.25	3.59 ± 0.17	2.01
知识	3.93 ± 0.25	3.84 ± 0.16	1.56
能力	3.71 ± 0.34	3.66 ± 0.22	0.67
总分	11.39 ± 0.66	11.10 ± 0.31	1.97

表 4-10 实验班前测后测配对样本 t 检验结果

	后测	前测	t
意识	3.78 ± 0.24	3.55 ± 0.19	4.64**
知识	4.11 ± 0.19	3.87 ± 0.21	4.11**
能力	3.79 ± 0.24	3.70 ± 0.23	1.37
总分	11.69 ± 0.39	11.13 ± 0.34	5.76**

(*p<0.05,**p<0.01)

(二)作品的内容分析

实验结束后，实验教师从学生们提交的四次作业中选取了第三次的作业进行内容分析。这次作业以"英语国家的节日文化——圣诞节"为主题，因为学生们对这个主题都非常感兴趣，在几次课程涉及的节日(复活节、万圣节、圣诞节等)里，教师讲解这个知识点花费的时间最多，因此学生们提交的作品比较齐全。经过归类和筛选，最终从两个班级上交的概念图作品中挑选出47幅作品，其中实验班上交25幅，是使用Mindjet Mindmanager绘制的，对照班上交22幅，是学生们在纸上画的概念图。

我们对这些概念图作品的节点个数、有效频次和节点深度进行了内容分析。

1.节点个数分析

采用事先设计的类目表格对概念图作品中的节点数进行分析，以节点的级别为分类依据，即与中心概念圣诞节(Christmas Day)直接连接的节点为一级节点，连接着一级节点并隶属于一级节点的为二级节点，如历史(History)、食物(Food)等，以此类推。

对每幅概念图中的各级节点数进行统计并累加后发现，实验班学生的概念图节点总数为557个，平均数为22.28个;对照班学生的概念图节点总数为363个，平均数为16.5个，两班平均数相差5.78个。实验班学生的概念图一级节点数为192个，平均数为7.68个;对照班学生的概念图一级节点数为157个，平均数为7.14个。实验班学生的概念图二级节点数为296个，平均数为11.84个;对照班学生的概念图二级节点数为195个，平均数为8.86个。实验班学生的概念图三级节点数为51个，平均数为2.04个;对照班学生的概念图三级节点数为8个，平均数为0.36个。实验班学生的概念图四级节点数为18个，平均数为0.72个;对照班学生的概念图四级节点数为3个，平均数为0.14个。实验班学生的概念图交叉节点数为55个，平均数为2.2个;对照班学生的概念图交叉节点数为14个，平均数为0.64个(见表4-11)。

表 4-11　概念图作品中的各级节点数统计结果

项目	实验班作品(25幅)		对照班作品(22幅)		比较分析
	总数(个)	平均数(个)	总数(个)	平均数(个)	平均差值百分比
总节点数	557	22.28	363	16.50	35.00%
一级节点数	192	7.68	157	7.14	7.50%
二级节点数	296	11.84	195	8.86	33.63%
三级节点数	51	2.04	8	0.36	466.67%
四级节点数	18	0.72	3	0.14	414.28%
交叉节点数	55	2.20	14	0.64	243.75%

注 1：平均差值百分比的计算公式：(实验班平均数–对照班平均数)/对照班平均数，即表示实验班平均数超出对照班平均数的百分比。

注 2：交叉节点已经包括在以上四级节点中，因此不再重复计入总节点数。

2．一级节点的有效频次分析

采用事先设计的类目表格对概念图中的一级节点进行频次分析，根据教师所讲的内容设计类目表格，涉及圣诞节的历史、庆祝活动、食物、标志等 10 个要素。这 10 个要素是衡量一级节点内容是否有效的标准，即将这 10 个要素与每幅概念图中的一级节点分别进行比较，如果某个要素在这幅概念图的一级节点中存在，就将该要素的频次记为"1"，如果没有在一级节点中出现，就标记为"0"。将实验班和对照班的概念图在这个要素上的频次分别依次累加，就得到了该要素的有效频次统计结果（见表 4–12）。

表 4-12　内容要素的一级节点有效频次统计结果

主题 (按单词首字母顺序排列)	实验班(25 幅)		对照班(22 幅)	
	频次	百分比	频次	百分比
Activity	16	64.00%	11	50.00%
Color	18	72.00%	18	81.81%
Drink	17	68.00%	15	68.18%
Food	15	60.00%	14	63.64%
Gift	22	88.00%	18	81.81%
Greeting	24	96.00%	21	95.45%

续表

主题 （按单词首字母顺序排列）	实验班（25 幅）		对照班（22 幅）	
	频次	百分比	频次	百分比
History	20	80.00%	14	63.64%
Plants	19	76.00%	16	72.72%
Song	17	68.00%	15	68.18%
Symbol	18	72.00%	13	59.09%
总有效频次	186	74.40%	155	70.55%
平均有效频次	18.60	74.40%	15.50	70.55%

注：这个表中的总有效频次结果与累加后的一级节点总数不一致，是因为有效频次分析中考虑了该节点在概念图一级节点中的有效性，即将不符合这10个要素的节点排除在外了，此前计算总节点数的时候没有考虑这个因素。

从表4-12的统计数据不难看出，实验班学生的概念图一级节点各要素平均有效频次为18.6个，占总频次的74.40%；对照班学生概念图的一级节点各要素平均有效频次为15.5个，占总频次的70.55%，实验班节点平均有效频次高出对照班近4个百分点。从各要素来看，两个班的学生在"Drink""Greeting""Song"三个要素上的有效频次基本相等，实验班学生的概念图一级节点在"Activity""Gift""History""Plants"和"Symbol"要素的有效频次比对照班学生的有效频次要高，对照班学生的概念图在"Color"和"Food"两个要素上的有效频次的百分比比实验班学生高。

3.节点深度分析

节点深度（Node Depth）是反映一个概念体系层级深度的标志，即概念图中所出现的各个节点在概念的层级上所处的位置和相互之间的联系。一般而言，概念和概念之间具有三种典型的层级关系，即包含关系、隶属关系和并列关系。包含关系指某个上位概念（具有概括总结性的并且是对某些概念进行抽象后形成的概念）包含着几个下位概念（具体概念），如"水果"是一个上位概念，"苹果""橙子"则是下位概念，"水果"这个概念对"苹果""橙子"来说就是包含关系；隶属关系正好与包含关系相反，如"苹果""橙子"隶属于"水果"概念；并列关系则指两个概念之间既不存在包含关系,也不存在隶属关系,但是从层级上来说,处于同一个级别,如"苹果"和"橙子"就是并列关系。

在概念图的呈现形式中,中心节点是最上位的概念,它的含义最广、最具概括性并且包含着一级节点,一级节点隶属于中心节点,但包含着二级节点,二级节点又可以包含着三级节点,以此类推,节点的深度越来越大。一般将两个深度相同的节点之间的关系看作并列关系,但这两个节点之间不需要连线。如果连线就成为交叉节点,说明这两个节点之间还存在某种关系,这时也可以看作并列关系的延伸,但在计算时不用考虑其节点深度,因为这两个节点从其上位概念那里延续其深度就可以。概念图中的节点层级越多、节点深度越大,就说明概念体系越复杂。

根据概念图中的节点深度原理,我们对这 47 幅概念图作品进行了概念节点深度分析,将一级节点的深度记为"1",二级节点的深度记为"2",以此类推,将 n 级节点的深度记为"n";将每个概念图中深度为 1 的节点个数记为"m1",深度为 2 的节点个数记为"m2",以此类推,深度为 n 的节点个数记为"mn"。将节点深度 ND 的公式定义为:ND=总深度值/总节点个数,即 ND=(1×m1+2×m2+3×m3+……+n×mn)/(m1+m2+m3+……+mn),这样就可以计算出某个概念图的节点深度。

因为已经统计了每一级节点的总数,根据表 4-11 的统计结果,分别计算了实验班和对照班的概念图节点深度的总值和平均值。结果显示,实验班学生的概念图平均节点深度为 1.81,对照班学生的概念图平均节点深度为1.60,两班相差 0.21(见表 4-13)。

表 4-13　两个班概念图节点深度的总值和平均值

	实验班	对照班
ND1	192	157
ND2	592	390
ND3	153	24
ND4	72	12
总深度值	1009	583
总节点数	557	363
平均深度	1.81	1.60

4.个案作品的比较分析

为了进一步分析实验班学生和对照班学生的作品差异,本实验采用个案研究的方法,从实验班和对照班分别选择了一个学生,将他们提交的概念图进行比较分析。图 4-12 是实验班学生 A 利用概念图软件画的 *Christmas Day*,图 4-13 是对照班学生 B 在纸上画的概念图 *Christmas Day*。

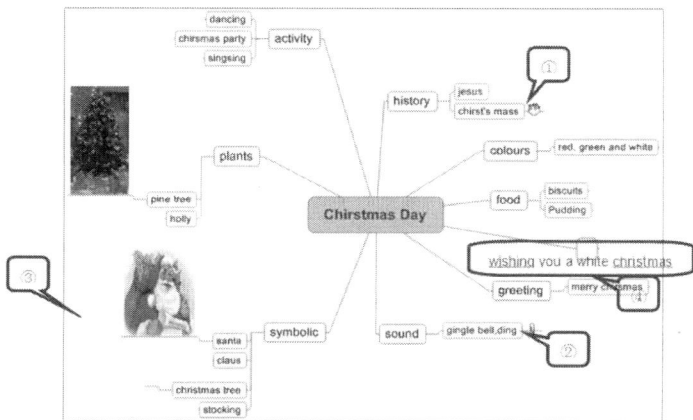

图4-12　实验班学生使用软件绘制的概念图 *Christmas Day*

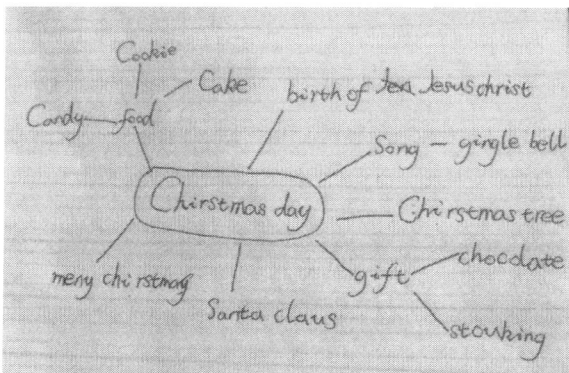

图4-13　对照班学生在纸上画的概念图 *Christmas Day*

与纸笔概念图(图 4-13)相比,概念图软件无论是在功能还是呈现形式上都更有优势,如图 4-12 中标示的①—④处所示。

标示①处:此图标代表插入一个网址,这个网址是关于圣诞节的来历,如果对圣诞节的来历感兴趣,可以点击这个图标,Mindjet Mindmanage 会在浏览器中打开这个图标所链接的网页。

标示②处:此图标代表此处插入的是一首经典的圣诞歌曲 *Jingle Bells*,点击图标,可以下载歌曲。

标示③处:此图标代表此处插入了一幅圣诞老人图片。

标示④处:此图标代表此处是另外一个同学进行的协同编辑,在原来的概念图的基础上增加的内容。

从图 4-12 看出,学生 A 在概念图中画出了涉及圣诞节知识的一级节点 9 个、二级节点 16 个、三级节点 3 个,总节点为 28 个,该概念图的节点深度 ND 为 1.78;从图 4-13 看出,学生 B 在概念图中画出了涉及圣诞节知识的一级节点 7 个、二级节点 6 个,无三级节点,总节点数 13 个,节点深度 ND 为 1.46。学生 A 的概念图在知识节点总数上远远超过学生 B,而且节点深度也大于学生 B。从知识结构来看,学生 A 的层次更合理更清晰,学生 B 的概念图中的某些节点不属于同一个结构层次,如"Birth of Jesus Christ"从结构上来说应该属于"History"层次,"Santa claus"应该属于"Symbol"节点,从前文有效频次分析上来看,这两个节点放在一级节点是不合适的。

作为一种表征知识结构的手段,概念图为文本语言提供了有效的补充,与文本形式相比,语义网络形式的知识结构更容易被理解。概念图软件具有灵活的可扩展特点,从上述实验班学生绘制的概念图可以看出,概念图软件可以将图片、音视频、网址等素材以附件或者插入链接的形式添加到概念图中,极大地丰富和扩展了学习者的知识结构。因此,概念图软件比纸笔形式的概念图有更强的扩展性和灵活性。

四、分析与讨论

前测数据的独立样本 t 检验结果说明两个班级在跨文化交际素养的三个维度上不存在显著性差异。后测数据的独立样本 t 检验表明两个班级在跨文化交际意识、能力两个维度上不存在显著性差异,而在跨文化交

际知识和总分上存在统计学意义上的显著性差异。前后测对比说明，使用
概念图软件总结文化知识能够明显促进学生跨文化交际知识的习得。配
对样本 t 检验的结果进一步验证了概念图软件能够提升学生跨文化交际
知识的学习效果。

这样的一个结论似乎令人无法理解，从某种意义上来说，实验班和对
照班都使用了概念图，只不过实验班使用软件绘制概念图，而对照班用笔
在纸上画概念图，其思维形式及教师教授的内容是一致的，但为什么两个
班级会在跨文化交际知识维度上存在显著性差异呢？

通过对学生作品的内容分析或许可以解释这个差异。在内容分析中
我们发现，两个班级学生绘制的概念图在节点数、有效频次和节点深度上
存在差异。首先，两个班级学生绘制的概念图的节点总数存在明显的差
异，而且在各级节点数上也存在差异，更为突出的是，随着节点深度的增
加，实验班学生概念图的三级节点和四级节点的平均数远远超过对照班；
其次，实验班学生的概念图在一级节点上的有效频次也比对照班高；最
后，实验班学生的概念图的节点深度要大于对照班学生。根据诺瓦克和戈
德温(Godwin)关于概念图的评价标准及布鲁姆的教育目标分类学理论，
概念图中的节点个数和有效频次反映了绘制者对概念的领会、记忆和鉴
别等认知层面的情况，代表认知的广度；节点深度则反映了绘制者对概念
体系的理解和对概念的应用、分析、综合等更为高阶的认知层面，代表着
认知的深度。这说明使用概念图软件的学生在画"圣诞节"这一概念图时，
不仅在认知的广度上能更好地把握该知识领域的全貌，在认知的深度上
对知识之间的联系与区别理解得更透彻、更系统。

从对学生 A、学生 B 绘制的概念图的个案比较与分析中可以看出，学
生 A 的概念图的内容更为丰富，结构更为清晰，节点深度大于学生 B 的
概念图。学生 A 的作品把关于圣诞节的一些知识通过概念图以语义网络
的形式建构起来，按照逻辑关系将概念节点进行层级组织，这对于概念的
认知学习非常有利。更为可贵的是，学生 A 对概念图做了大量的扩展，把
关于圣诞节历史的网站网址添加到概念图的"History"节点，将圣诞歌曲

Jingle Bells 作为附件添加到概念图的"Sound"节点,而且分别在"Pine Tree"(松树,用来做圣诞树)和"Santa Claus"(圣诞老人)节点上插入了精美的图片,可以说这是一幅图、文、声、像并茂的概念图,其包含的信息量远远超过了纸笔形式的概念图,这正是学生认知发展并使其思维外化的结果,其思维结构具有明显的非线性和超链接性。

笔者在作品分析时还发现了一个有趣的现象,使用概念图软件的学生比使用纸笔概念图的学生更愿意合作和分享。实验班学生上传到平台上的作品,班级里的每个人都可以看到。教师对学生们进行了分组,学生对所在小组内其他成员上传的作品进行评价,图 4–14 就是小组成员对学生 A 的概念图的评价。

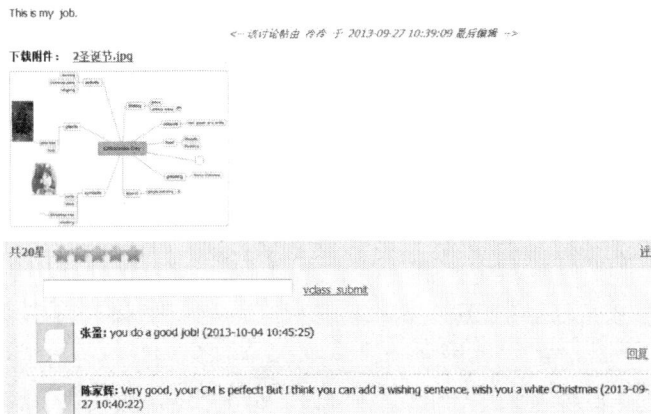

图4–14　实验班小组成员对学生 A 的概念图的评价

实验班学生将别人的作品与自己的作品进行比较,借鉴他人概念图中更为全面的知识节点,并修改、编辑自己的作品。同时,他们还以小组为单位创建了一个更全面、更丰富的概念图,把每个人的理解和想法表达出来,共同协商,共建概念图,使每个小组成员的认识不断得到扩展和完善。相对而言,对照班的学生在分享和合作方面就显得比较被动,并且分享和合作机制也不健全。实验教师通过课堂观察后说道:"有的学生拿着别人的概念图看了两眼,就顺手放下了,不仅没有做出评价,而且也没有协同修改的行为。"

根据布鲁姆的教育目标分类学理论，认知领域的学习目标按照由低到高的顺序被分成六个层次，分别是知识、领会、运用、分析、综合和评价。对他人的作品做出修改、编辑和评论则属于最高层次的学习目标，学生的认知发展和思维能力在这个层次上才是最活跃的，也是最高阶的。因此，软件概念图不仅在知识表征的结构和信息的丰富度上比传统纸笔概念图具有更大的优势，而且使用更为灵活，便于学生进行分享、合作、探究和评价，能够促进学生高阶认知和思维能力的发展。

五、结论与建议

（一）结论

软件概念图可以帮助学生梳理和记忆文化知识，学生可以利用概念图软件将所学的文化知识进行分类、总结，可以将音视频、图片、动画和网址等信息放到概念图中，构建和丰富自己的文化知识结构。网络环境中使用软件概念图便于学生之间分享、合作、探究，在促进学生跨文化知识的学习方面比纸笔概念图具有更好的效果，在一定程度上可以促进学生认知思维的深层次发展。这个发现与 Huang、戈德温和 Kao 等人的研究结论具有一致性。更进一步的内容分析和案例研究表明，软件概念图更具有可扩展性，便于学生之间的合作学习和相互评价。

（二）建议

对于初学者来说，使用软件概念图存在一定难度，教师应该为学生示范讲解概念图的使用方法，降低学生使用过程中的难度，防止认知负荷的产生。学生在绘制概念图时，可能会存在思维受限的情况，此时教师可以提供一些支架给学生以帮助，比如可以提供一份半成品的概念图，让学生进行概念图填空，或者提供其他概念图供其参考，有计划地指导学生进行概念图的绘制。

学生要尽可能地独立完成概念图的绘制。完成后，教师要鼓励学生分享和比较概念图，对概念图进行评价，协同修订概念图，还可以以小组为单位合作绘制新的概念图。教师应该对学生绘制的概念图进行适当反馈，分析概念图中的知识节点及其层次关系，指出学生在知识结构上存在的不足，当然也可以小组讨论的方式进行反馈。

第三节　基于电子邮件的交际方式对培养跨文化交际素养影响的研究

文化输出理论认为，只有参与真实的跨文化交际，才能将目的语的文化输出并进行检验。文化适应理论也认为，通过与异文化的真实接触来缩小学生与英语文化之间的"社会距离"和"心理距离"，逐渐培养学生对异文化的认同感和宽容态度，从而培养学生的跨文化交际素养。因此在文化教学中，教师要为学生创设跨文化交际情境或者提供真实的跨文化交际机会，有条件的学校可以让学生通过通信软件与国外的学生写邮件、交朋友，进行真实交流，输出并体验目的语文化。

在基于网络媒体交际(CMC)的教学中，电子邮件是成本较低的一种异步交际模式，不需要实时在线，相对便捷。虽然国内已有实证研究对基于电子邮件的跨文化交际效果进行了探索，但是这些研究的对象大都是大学生或中学生，目前很少有以小学生作为研究对象的跨文化交际素养研究。因此，我们设计了一个准实验并实施验证。

一、实验设计

本实验采用实验组对照组前后测时间系列准实验方案。实验设计方案如下：

1.自变量：是否使用基于电子邮件的交际方式。

2.因变量：小学生跨文化交际素养(包括跨文化交际意识、交际知识和交际能力三个维度)。

3.实验对象：HS学校小学部两个六年级"跨越式"自然班，其中网络班共29人，为实验班；非网络班共30人，为对照班。

4.实验过程：实验过程分为前测、实施和后测三个阶段。整个实验过程如图 4-15 所示。

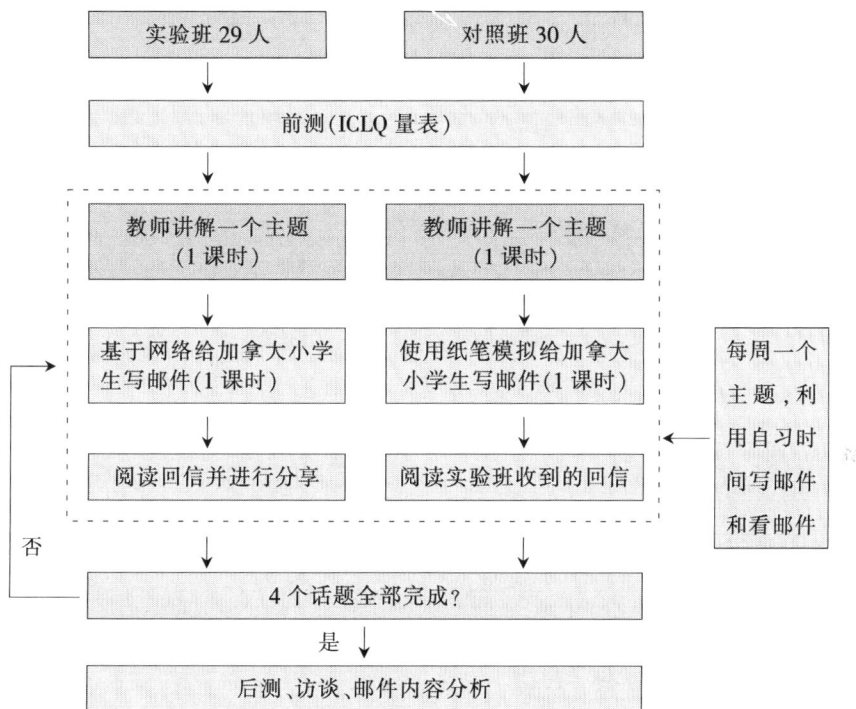

图 4-15 基于电子邮件交际方式的实验流程图

5.实验假设

假设 1-3：使用电子邮件的交际方式与不使用电子邮件的交际方式在培养小学生跨文化交际素养方面存在显著性差异。

该假设分为三个子假设：

假设 1-3-1：使用电子邮件的交际方式与不使用电子邮件的交际方式在培养小学生跨文化交际意识方面存在显著性差异；

假设 1-3-2：使用电子邮件的交际方式与不使用电子邮件的交际方式在促进小学生跨文化交际知识学习方面存在显著性差异；

假设 1-3-3：使用电子邮件的交际方式与不使用电子邮件的交际方式在提高小学生跨文化交际能力方面存在显著性差异。

6.无关变量的控制:在实验过程中为防止出现霍桑效应,学生均未被告知实验目的;为了保证教学效果的一致性,两个班级由同一位教师授课;为了使学生获得的信息尽量一致,从实验班收到的回复邮件中选择一部分打印出来,分发给对照班的学生进行阅读,以便他们也能了解实验班交际中的一些文化知识。

二、实验实施

1.前测

实验开始前使用 ICLQ 量表对两个班级进行了前测,主要了解实验前学生的跨文化交际素养状况。

2.实验处理

实验开始后,教师先用一节课来讲授用英文写信的格式和常用的句子,并给出要写邮件的主题。然后,实验班学生在课堂上利用网络每周给国外的小学生 [加拿大不列颠哥伦比亚省温哥华市纳卡斯普公立小学(Nakusp Primary School)]发一封邮件(主题见表 4-14);对照班学生因为没有电脑和网络环境,所以由教师选择实验班学生收到的加拿大小学生的部分回信,打印出来分发给学生,先让他们阅读,然后教师创设情境,让学生在课堂上用纸笔方式模拟给加拿大小学生写信(只写不邮寄,因为普通国际邮寄的时间会很长,也没有和对方取得一致性意见),最后由实验教师批阅。实验共包括 4 个交际主题,每周交流一次。实验从 2013 年 9 月23 日开始,持续 4 周,至 10 月 22 日结束。

表 4-14　邮件主题列表

Topic	Time	Description
Introduce myself, my family and my school	First week	Introduce to each other about their hobbies, their family members and school.
Food and drinking or beverage	Second week	Introduce typical food and beverage of their country, such as Chinese students introduce Boiled dumplings, moon cakes for Canadian students, and Canadian students can introduce sandwiches and pizza for Chinese students.

续表

Topic	Time	Description
Festivals and Holiday	Third week	Introduce traditional festivals for each other, such as Chinese students introduce Spring Festival, the Mid Autumn Festival for Canadian students, Canadian students introduce Halloween, Christmas and Easter, etc.
Cities or Capital	Fourth week	Introduce their own cities or capital for each other, such as Chinese students introduce Beijing, Urumqi for Canadian students, Canadian students introduce Ottawa, Vancouver for Chinese students, etc.

3.后测

实验结束后,使用 ICLQ 量表对两个班级的学生进行后测,并从实验班选择 4 名同学进行访谈,访谈包括以下 3 个问题:

(1)与国外的小学生互通邮件,这种学习方式的特点是什么?

(2)这次与国外的小学生互通邮件的活动,你有哪些收获?

(3)这次活动有什么不足之处,或者你有哪些建议?

另外, 实验教师还选取了实验班学生 Sue 写给加拿大小学生卡梅隆(Cameron)的两封邮件,对其进行了内容分析。

三、实验结果

(一)量化数据结果

收集测试数据并整理, 运用 SPSS16.0 软件输入数据并进行统计处理,采用独立样本 t 检验和配对样本 t 检验进行分析。

1.前测结果分析

对前测数据进行独立样本 t 检验, 发现实验班和对照班在跨文化交际意识、知识和能力三个维度以及总分上没有显著性差异(见表 4-15)。

表4-15 基于电子邮件交际方式的前测独立样本t检验结果

Item	Class	n	Mean	SD	T
意识	实验班	29	3.58	0.35	1.05
	对照班	30	3.46	0.48	
知识	实验班	29	3.88	0.18	−0.11
	对照班	30	3.89	0.43	
能力	实验班	29	3.38	0.30	−0.34
	对照班	30	3.41	0.37	
总分	实验班	29	10.85	0.61	0.36
	对照班	30	10.77	0.96	

2.后测结果分析

对两个班级后测数据进行独立样本t检验，发现两个班级在跨文化交际意识维度存在显著性差异,t=3.10、p<0.05,接受原假设(假设1-3-1);两个班在跨文化交际知识维度存在显著性差异,t=2.07、p<0.05,接受原假设(假设1-3-2);两个班在跨文化交际能力维度不存在统计学意义上的显著性差异,t=1.17、p>0.05,拒绝原假设(假设1-3-3);两个班在总分上存在显著性差异，实验班的平均分高于对照班平均分0.44分,t=2.72、p<0.05,接受原假设(假设1-3)(见表4-16)。

表4-16 基于电子邮件交际方式的后测独立样本t检验结果

Item	Class	n	Mean	SD	t
意识	实验班	29	3.84	0.19	3.10*
	对照班	30	3.62	0.35	
知识	实验班	29	4.08	0.16	2.07*
	对照班	30	3.97	0.24	
能力	实验班	29	3.61	0.22	1.17
	对照班	30	3.51	0.41	
总分	实验班	29	11.54	0.42	2.72*
	对照班	30	11.10	0.76	

(*p<0.05)

将两个班级的前测数据与后测数据进行对比，发现两个班级分别在后测与前测的对比中存在差异，对照班的前后测差异如图 4-16 所示,实验班的前后测差异如图 4-17 所示。

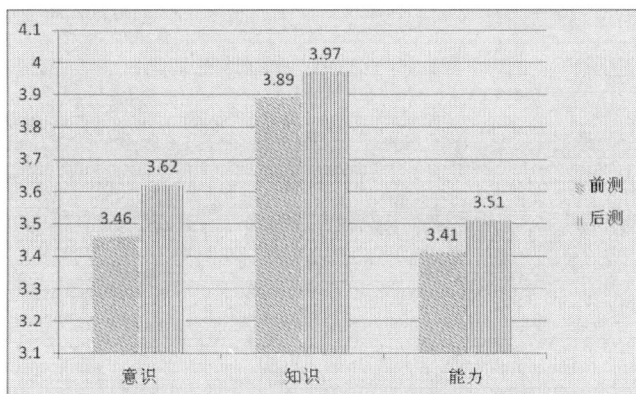

图 4-16 对照班前后测数据对比柱状图

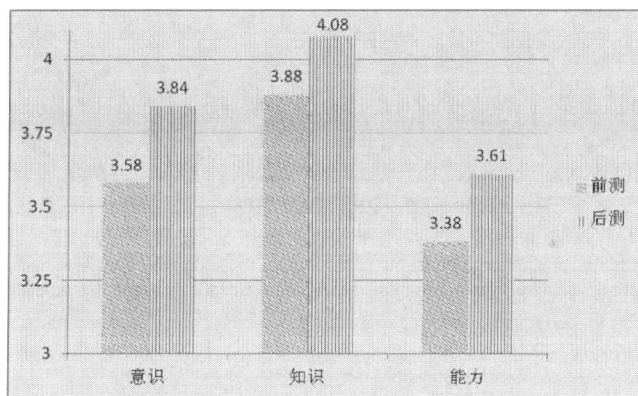

图4-17 实验班前后测数据对比柱状图

对每个班级的前后测数据分别进行配对样本 t 检验，发现两个班级都有差异。对照班在三个维度上呈现显著性差异,其中跨文化交际意识维度,t=3.72、p<0.05;跨文化交际知识维度,t=2.50、p<0.05;跨文化交际能力维度,t=2.68、p<0.05;在总分上呈现显著性差异,t=5.43、p<0.01(见表 4-17)。而实验班在三个维度和总分上都呈现非常显著性差异，其中跨文化交际意识维度,t=5.33、p<0.01;跨文化交际知识维度,t=5.45、p<0.01;跨文化交际能力维度,t=5.00、p<0.01；在总分上呈现显著性差异,t=7.83、p<0.001

(见表4-18)。统计数据表明,实验班和对照班的跨文化交际素养都有了明显的进步,但是实验班的进步幅度更大(t值越大,差异越显著)。

表4-17　基于电子邮件交际方式的对照班配对样本t检验结果

维度	后测	前测	t
意识	3.62 ± 0.35	3.46 ± 0.48	3.72*
知识	3.97 ± 0.24	3.89 ± 0.43	2.50*
能力	3.51 ± 0.41	3.41 ± 0.37	2.68*
总分	11.10 ± 0.76	10.77 ± 0.96	5.43**

(*$p<0.05$,**$p<0.01$)

表4-18　基于电子邮件交际方式的实验班配对样本t检验结果

维度	后测	前测	t
意识	3.84 ± 0.19	3.58 ± 0.35	5.33**
知识	4.08 ± 0.16	3.88 ± 0.18	5.45**
能力	3.61 ± 0.22	3.38 ± 0.30	5.00**
总分	11.54 ± 0.42	10.85 ± 0.61	7.83***

(*$p<0.05$,**$p<0.01$,***$p<0.001$)

(二)质性数据分析

1.访谈数据分析

对于访谈的3个问题,4名学生的回答内容见表4-19。

表4-19　访谈问题与摘录的学生回答

问题	回答
Q1:与国外的小学生互通邮件,这种学习方式的特点是什么?	S1:和国外的小学生成为笔友,相互写信,感觉特别好玩儿,让我了解了国外小学生的更多情况,比在书本上学得更丰富、更有趣。 S2:交流更直接更快,有时邮件发出去,第二天我就收到了对方小朋友的邮件回信。 S3:这种方式非常真实而且方便,我还用附件的形式给加拿大的小朋友发了一段视频,是我用爸爸的手机录制的,后来我还收到了他(加拿大小学生)发来的一段视频,向我展示了他们去年过圣诞节的情况。 S4:这个活动很真实、有趣,太好玩儿了,让我了解了更多外国的情况。

问题	回答
Q2:这次活动你有哪些收获?	S1:这次活动让我提高了学习英语的兴趣,增加了对外国文化的了解,比如对一些节日的了解等。 S2:这次活动让我感觉外国人也非常友好,能够和他们成为朋友,还能够写邮件,我感觉很自豪。 S3:这次活动改变了我以前对外国人的看法,我一直认为外国人都不热情,非常有个性,通过这次邮件交流,发现他们也很热情,非常愿意和我们交朋友。 S4:这次活动增加了我学英语的信心,我写的邮件他们也能看懂,所以感觉学英语也没有那么难。
Q3:这次活动有什么不足之处,或者你有哪些建议?	S1:时间太短了,只有四周,如果能坚持下来继续通信的话那就更好了,老师后面能不能再给我们布置几次这样的作业。 S2、S4:感觉老师对每次邮件的内容限制太死了,其实可以让我们自己随便写,想写什么就写什么,或者多给一些范围,这样才能表达我们自己的真实情况。 S3:要是能用在线视频的方式就更好了。

通过对学生访谈结果的分析发现，学生们认为这种基于电子邮件的交际方式具有真实性、趣味性和便捷性的特点,这些特点与已有大部分研究中提出的结论比较一致。

(1)真实性。本次在中国小学生与加拿大小学生之间基于电子邮件的教学实验历时一个月,受到双方学生的欢迎。双方学生通过电子邮件通信157封,其中中国小学生发送86封,收到回信71封,平均每位中国小学生发送近3封邮件。从对中国小学生的访谈中可以看出,学生们认为这次与异国他乡的"真人"(即 Native Speakers,本族语者,这里指以英语为母语的外国人)进行邮件交际,真实地接触了外国人,真实地了解了外国文化,与在课堂上学习书本知识相比,是实实在在地用英语与外国人进行交流,在邮件交际中不知不觉地提高了英语表达能力,既丰富了异文化的见闻,又结交了外国朋友,还学到了很多地道的英语表达方法。这个特点和现有一些英语教学与研究的文献结论非常吻合,有学者认为语言学习环境中有四个支持有效学习的重要条件,"学习者与真实语言交际对象进行交流和讨论的机会"是其中最为重要的一个条件。

(2)趣味性。电子邮件是一种基于计算机网络的异步交互式(Asynchronous interactive)信息传输手段,它为英语学习者提供了与真实语言交际对象进行交际和讨论的机会，同时也为英语学习者提供了接触真实的西方文化的途径，从而提高了学习者实际运用英语进行交流和学习异国文化的兴趣。这种兴趣可以从活动刚开始时同学们的反应表现出来，当老师告诉学生，每位同学将得到一个加拿大小学生的电子邮件地址，可以给他们写邮件时，班上的绝大多数孩子都很高兴，他们几乎要跳起来，说明他们对这种新颖的活动非常期待，极大地激发了他们学习英语及其文化的兴趣。前苏联著名教育心理学家维果斯基(Vygotsky)曾经指出：个体意义上的语言发展必然经历个人和社会两个心理活动的层次，其中社会交际是人类学习和成长的最基本条件。从使用电子邮件的教学实践不难看出，当学生直接与本族语者进行交际时，学生们所表现出来的积极性和主动性都远远超出其他形式的课堂学习活动。"和国外的小学生成为笔友，相互写信，感觉特别好玩儿，让我了解了国外小学生的更多情况，比在书本上学的更有趣。"这样的回答让我们明显地感觉到孩子们在这次交际活动中的兴奋和激动。

(3)便捷性。基于电子邮件的跨文化交际操作起来非常简便，不仅可以通过邮件发送文本信息，还能以附件的形式将拍摄的照片、录制的音视频等内容一起发送，电子邮件快速传到对方邮箱，与传统的邮政书信相比更为便捷。

此外，这次跨文化交际实验教学活动目的明确，从实验前的沟通、组织，到讨论主题的确定，以及双方交际的实施，还有对参与学生的监督反馈，都有明确的计划，保证了这次交际活动的顺利开展。

通过这次基于电子邮件的交际活动，学生们感到有三个方面的收获：一是改变了对外国人和外国文化的态度，能够对外国文化有一个正确的认识；二是学到了很多外国文化知识；三是增加了学习外国文化的兴趣，提高了学习英语的自信心。这些发现与已有的研究结论也比较吻合(刘玉山、胡志军,2010)。但是这次活动也存在一些不足之处，学生们认为时间短、主题少、限制多是这次活动的缺陷，还有学生认为如果用在线视频的方式效果会更好。

2.邮件内容分析

本实验选取了中国小学生 Sue 给加拿大小学生卡梅隆发送的第一封和第三封邮件作为分析对象,从几个维度对邮件内容进行分析。Sue 和卡梅隆相互交际的邮件见附录四,表4-20列出了这两封邮件的内容分析结果。

表4-20　中国小学生 Sue 发送邮件的内容分析结果

类目	中国小学生 Sue 发送的邮件	
	第一封	第三封
词汇量	136	253
句式种类	7	11
话题范围	个人信息、就读学校、家庭成员和兴趣爱好	中国传统节日,包括春节、元宵节、中秋节
跨文化交际意识	敢于给国外小学生写邮件	乐于接触外国文化,希望了解更多异文化
跨文化交际知识	具有少量的跨文化交际知识	在邮件交际中学到了更多的跨文化知识
跨文化交际能力	能够将自己的信息清晰地介绍给对方,正确使用交际用语	能够将中国文化知识对外国学生进行介绍,初步适应跨文化交际活动

从表4-20可以看出,Sue 同学的第三封邮件比第一封邮件增加了117个单词,增加了4种句式,这反映了 Sue 同学在跨文化交际过程中的语言能力的发展。从跨文化交际意识、知识及能力这三个维度上看,第三封邮件比第一封邮件也有了一定的进步,Sue 同学表现出了对异国文化的明显兴趣和对祖国文化的自信。从邮件内容可以看出,Sue 同学在真实的交际中学到了许多书本上学不到的跨文化交际知识和技巧,开阔了视野,增长了见识。从研究者与 Sue 同学后来的交谈中了解到,Sue 同学为了写好邮件,还上网查阅了一些关于中国传统节日的资料,对一些疑难的句子使用了百度在线翻译进行了翻译,不仅学到了知识,还提高了运用信息技术解决问题的能力,提升了信息素养。

四、分析与讨论

文化适应理论启示我们,来自不同文化背景的学生与异文化的"社会距离"和"心理距离"是影响文化适应过程的主要因素,让学生体验并对异文化进行认同的最好方法就是通过真实的跨文化交流体验来缩小这种"社会距离"和"心理距离"。兰迪斯认为媒体扮演着五种独特但是相互关联的跨文化教化(教育)角色,分别是展示信息、组织信息和思想、传播价值观、形成和提高受众的跨文化预期、提供行为模式。所谓展示信息,即媒体展示有关独特群体、文化、国家、全球性区域和广泛的跨文化话题信息。组织信息和思想指媒体组织有关社团群体、全球文化以及跨文化环境其他方面的信息和思想。传播价值观指媒体传播有关群体、跨文化关系、多样性其他维度以及跨文化主义本身的价值观。形成和提高受众跨文化预期指媒体促进形成和提高受众有关特定群体和文化以及各种通常与多样性相关的话题的跨文化预期。提供行为模式指媒体为某文化的成员与不同文化背景的人互动,以及应付各种跨文化情境提供行为模式。网络媒体作为一种新的文化载体,不仅具有兰迪斯归纳的上述五种跨文化教育功能,更重要的是它突破了时空的局限,缩小了交际双方的"社会距离"与"心理距离",易于实现更直接的跨文化交流。

实验班和对照班后测的差异表明,基于电子邮件的跨文化交际可以提高学习者的跨文化交际意识和跨文化交际知识的学习效果。虽然在跨文化交际能力层面上独立样本 t 检验并没有显著性差异,但通过前后测配对样本 t 检验结果分析,发现两个班在跨文化交际能力的配对样本 t 检验上都存在显著性差异。这说明这次活动对两个班学生的跨文化交际能力的培养都起了一定作用。经过分析,我们认为学习活动促进了能力的提高,但是实验班的差异比对照班的差异更加显著,这说明基于电子邮件的跨文化交际方式在整个活动中起到了更加明显的促进作用。

在三个维度中,意识和知识维度的差异性比能力的差异性更显著。研究者认为,由于在三个维度中,相比于能力,意识、知识在短期内容易改变,而能力不容易在短期内发生改变,需要一个长期的过程来培养。

访谈数据分析表明,基于电子邮件的交际活动使学生增强了跨文化交际的意识,丰富了跨文化交际的知识,并增强了学习英语的自信心。

需要特别强调的是,本研究发现了与以往研究结论的不同之处,即交际反馈的及时性。无论是通过对学生的访谈,还是对其邮件内容的分析,研究者认为这几次交际建立的时间还是比较及时的。基于电子邮件的交际属于 ACMC 模式,也就是说这种交际是异步的,不是在线同步的,因此当邮件发出后,如果对方当时没有在线或者回复不及时的话,交际反馈还是会存在一定的延迟,毕竟中国和加拿大之间存在时差。实验过程中,通常是中国小学生在白天发出邮件,此时加拿大正是晚上,对方小学生不会立即回复。但是因为研究人员之前与加拿大的责任教师莉奇(Miss Leitch)进行了良好的沟通,当中国小学生发出邮件后,研究人员也会给莉奇老师发送一封邮件,告知她邮件已经发出了,请她在第二天的课堂上告诉学生,并给学生一定的时间来阅读邮件并进行回复,或者下课以后回复邮件,所以,这种交际的反馈还是比较及时的,就像实验班的一个学生 W 所说:"这种交流很及时,我的邮件发出去,第二天就收到了加拿大小朋友的回信。"因此,笔者认为只要教师在基于电子邮件的交际中进行积极的协调,通过一定的策略来促进并维护双方对交际的建立,就能有效缩短时间的延迟,提高其时效性。

五、结论与建议

(一)结论

本研究通过实施 4 周中国与加拿大两国小学生之间基于电子邮件的跨文化交际实验,说明基于电子邮件的跨文化交际在培养小学生跨文化交际素养方面具有一定的有效性。通过这种真实、有趣、便捷、及时的交际活动,学生增强了跨文化交际意识,增长了跨文化交际知识,提高了英语学习的兴趣和信心,为信息技术环境下跨文化交际能力的培养提供了一种可行的模式。

(二)建议

虽然基于电子邮件的跨文化交际不受时间和地点的限制,便于实施,但其异步性也使学习者的交际受到一定束缚。很多语言学家认为,与本族语者进行双向实时的语言互动是学习者学习外语的最佳情境,也是跨文化交际的最理想状态。因此,如果采用 QQ、Skype 等音视频结合的实时交际方式,使不同母语和不同文化背景下的学生进行对话,效果会更好。

技术本身并不能完全促进跨文化交际素养的培养,教师教学策略的合理运用也是影响教学效果的重要因素,比如交际话题的选择策略、邮件交流评价策略等。因此,教师要根据《义务教育英语课程标准》(2011),合理选择话题,引导学生用英语表达自己的思想,同时通过邮件交际或者利用网络查找信息资源,实现互动发现式学习。

跨文化交际素养的培养,尤其是跨文化交际能力的习得不是一蹴而就的,需要在学生转变和形成正确的跨文化交际意识(态度),储备了一定的跨文化交际知识的基础上,经过一段较长时间的学习和练习才能获得。因此,教师在英语教学中要渗透对学生跨文化交际能力培养的意识,要善于运用计算机和网络媒体,让学生接触真实的语言环境,和国外小学生建立长期的笔友关系,持续互动交流,在交际和成长中逐渐提高跨文化交际能力。

当然,由于本研究的时间有限,加之在研究过程中还有一些影响因素无法完全排除在外,所以实验结果不可避免地存在一些偏差。如果延长邮件交流的时间、拓展文化主题,实验效果可能会更加明显。

第四节　三种不同技术应用方式的效果比较研究

一、结果比较

以上三个子研究分别代表了信息技术在培养小学生跨文化交际素养中的不同应用方式:"一对一"的资源提供方式、概念图的使用方式以及基于电子邮件的交际方式。这三种方式在促进学生跨文化交际素养三个维度的培养上各有差异,通过量化统计和质性分析,可以得出每一种技术应用方式在三个维度上的效果差异。从前面的数据分析可以看出,"一对一"的资源提供方式对跨文化交际意识和知识的培养和学习是有效的，基于电子邮件的交际方式对跨文化交际意识和知识的培养和学习是有效的，而软件概念图的使用则对跨文化交际知识的学习是有效的。这三种方式都在一定程度上对促进跨文化交际素养的培养有效（见表4-21）。

表4-21 三种技术应用方式对小学生跨文化交际素养三个维度培养的影响

	跨文化交际意识	跨文化交际知识	跨文化交际能力	总分
"一对一"的资源提供方式	✓	✓	✗	✓
软件概念图的使用方式	✓	✓	✗	✓
基于电子邮件的交际方式	✗	✓	✗	✓

注：✓表示该技术应用方式对该维度的培养有促进作用。

✗表示该技术应用方式对该维度的培养无促进作用。

为什么不同的技术应用方式在三个维度中有着不同的效果？为什么这三种应用方式在跨文化交际意识和知识维度上有比较明显的效果，而在跨文化交际能力维度上却没有明显的效果？

根据美国教育心理学家罗伯特·加涅的学习结果分类理论对上述现象进行原因分析，笔者认为，在学习结果分类中，意识属于"态度"领域，知识属于"认知"领域，这两个领域的学习可以在相对短一点的时间内通过教学出现一定效果，实现"态度"的变化和"认知"的积累，但是能力维度属于"行为"领域，人的行为变化则需要相对较长时间的学习和训练。

对以上三种方式的综合效果进行比较，从 t 值大小可以发现，$t_E > t_C > t_A$（注：t_E 指的是基于电子邮件的跨文化交际实验中班级 E 前后测配对样本 t 检验的结果，t_C 指的是概念图的使用方式实验中班级 C 前后测配对样本 t 检验的结果，t_A 指的是"一对一"的资源提供方式实验中班级 A 前后测配对样本 t 检验的结果），从后测与前测的差值 Mean 上，也可以发现 MeanE>MeanC>MeanA，这可以在一定程度上说明基于电子邮件的交际方式对学生跨文化交际素养的培养影响效果最大，其次是软件概念图的使用，最后是"一对一"的资源提供方式（见表4-22）。

表4-22　三种技术应用方式对小学生跨文化交际素养培养的影响比较

	class	前测	后测	ΔMean（后测—前测）	t值
"一对一"的资源提供方式	A	10.99	11.49	0.50	3.41*
软件概念图的使用方式	C	11.13	11.69	0.56	5.76**
基于电子邮件的跨文化交际	E	10.85	11.54	0.69	7.83***

二、分析讨论

信息技术的使用已经融入日常教学。在本研究中,这三种不同的技术应用方式之所以有不同的效果,从不同的视角来分析,可以得到不同的解释。

从教学活动和学生体验的视角来分析,原因在于其发生的机理和作用范围是不一致的。

首先,基于电子邮件的跨文化交际是真实的跨文化交际教学活动。这种活动最直接、有趣、及时,深受学生的喜爱,能够让学生接触最真实的文化语境,这种语境是语言和文化学习最好的支撑条件。目前大量研究都表明,培养真正的跨文化交际能力就必须与本族语者进行地道的交际。因此,基于电子邮件的跨文化交际对学生的影响效果最为明显。

其次,效果第二位的是软件概念图的使用。利用软件概念图对主题文化进行总结,可以将某个特定文化专题的知识结构和层次关系可视化地揭示出来;软件概念图本身又提供了良好的可扩展性,便于学生分享、合作、评价和探究,因此也受到学生的喜欢,其效果也比较显著。

最后,"一对一"的资源提供方式与传统的集中统一的资源提供方式相比,为学生提供了个性化、多样化和富媒体性的资源,实现了因材施教和分层教学,因此对学生的跨文化交际素养的培养也起到一定的促进作用。但和前面两种信息技术的应用方式相比,这种方式只是一种信息的载体,在学习情境的构建或者认知工具的使用维度上对学生的影响是最小的,因此效果没有前面两种信息技术使用方式更加明显。

从技术应用的深度和布鲁姆的教育目标分类学的视角来分析，这三种不同的技术应用方式之间也存在着差别。

在学生对信息技术使用的深度和技术的互动性上，软件概念图和电子邮件交际是对信息技术较深层次的使用。在用概念图软件创建概念图的过程中，涉及节点的创建、节点与节点之间的连线、链接和附件的添加、笔记和标签的使用，等等。学习者借助技术的功能，实现了与学习内容的深度交互，从而建构了自己的认知结构，技术也成为这个结构中不可或缺的因素。在基于电子邮件的交际过程中，学生要使用网络技术，使用搜索引擎，可能还要使用一些在线软件来帮助邮件的书写和收发。

技术应用的深度对学生认知层次的支持和促进或许是引起教学效果不同的原因。

根据布鲁姆对认知领域的教育目标分类理论可知，"一对一"的资源提供方式对于学习者在领会和知识层次上起了主要作用，软件概念图的使用从领会、知识层次，一直到应用、分析和综合层次都对学习者起到作用，而基于电子邮件的交际对学生的学习支持则包含了评价或创造在内的全部层次。

著名的存在主义大师海德格尔认为，技术是一种"展现方式"，技术有不同的"存在方式"。当今社会，技术不仅有着不同的存在方式，也存在着"不同的应用方式"。信息技术的不同应用方式意味着技术的不同形态和发挥不同的作用。从技术哲学的视角来看，一些技术哲学家们认为，技术可以分为"认识技术"和"实践技术"。"认识技术"是可以帮助人们认识世界的技术，这种技术只是将现实世界的知识要素加以排列和组合，并没有促使新的知识产生；而"实践技术"是可以帮助人们改造世界的技术，借助这种技术可以对现实世界中的知识要素进行重新加工、变革结构，从而创生出新的知识。

在信息技术的三种应用方式中，"一对一"的资源提供方式属于"认识技术"，这种信息技术的应用方式为学生学习提供了"一对一"的资源，学生在阅读资源中使用信息技术，但这并没有产生新的知识。不同的是，软件概念图和基于电子邮件的交际属于"实践技术"，软件概念图的使用是学生利用软件概念图将自己的文化知识结构表征和思维外化的过程，在这种应用方式的使用过程中，每个人都会创生属于自己的认知结构的新知识；基于电子邮件的交际是一个开放互动的过程，交际的双方通过建立并完成一个完整的对话主题实现交际活动，在这个互动过程中，交际双方借助信息技术，共同创生了知识。因此，从这个意义来说，应用"实践技术"的方式比应用"认识技术"的方式在知识创生上更有价值。

第五章 文化教学模式的构建及其有效性研究

跨文化交际素养的培养需要有效的文化教学的支持，而文化教学的有效实施则需要一个有效的模式加以支持。文化教学模式中最主要的是文化教学方法，因此，本章先梳理常见的文化教学方法，然后根据前文的研究结果，在"一对一"网络环境中，将信息技术的不同应用方式整合到文化教学中，构建符合"一对一"网络环境特点的文化教学模式，并在教学实践中运用实施，验证其效果。本章内容结构如图5-1所示。

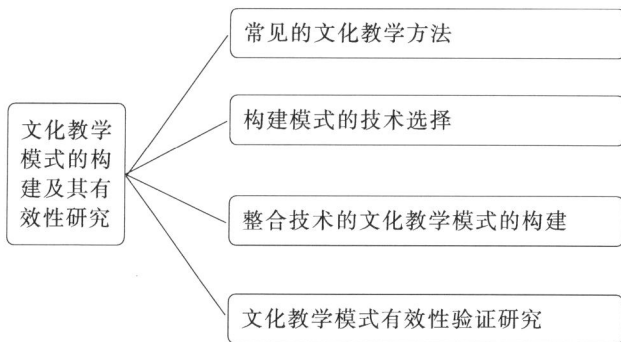

图 5-1 第五章内容结构图

第一节 常见的文化教学方法

众所周知，任何语言课程都受时间、空间以及内容等方面的限制，因此,教师或教材都不可能在包罗万象的文化方面做到面面俱到,这就对外语教学的文化教学提出了更高的要求。早在1979年,著名的语言文化教育专家汉威(Hanvey)就提出通过文化导入教学来培养学生的跨文化交际能力(素养)的主张。他认为对于第二语言学习者来说,文化导入一般有四个阶段:①注意到文化差异;②对不同文化之间的差异比较敏感;③在理性上了解并理解不同文化之间的差异;④真正理解不同文化的人的所作所为,与异文化的人进行交际时能自适应并调整不同的交际策略。束定芳、庄智象(1996)等人认为,外语基础教学阶段的文化导入要遵守实用性、阶段性和适合性原则。基于这样的原则,本章梳理英语基础教育阶段常见的文化导入教学方法。

一、文化讲座法

讲座是传授知识的一种有效途径,对于文化教学来说也是必不可少的。文化讲座是以班级或年级为单位、以教师为中心、以演讲的方式直接向学生传授有关目的语文化知识的一种文化导入方法。在以文化讲座的形式将文化传授给学生时,可以将不同的文化主题归类,使其构成系列文化知识讲座,这样有利于学习者进行系统的学习。文化讲座通常适用于以下几种情况:

1.教师向学生介绍文化新领域的可叙述或可描述的知识,学生可以通过讲座掌握概况或基本概念。

2.教师即将给学生布置有关文化学习的研究任务或者需要解决某个问题之前,学生需要掌握的基础知识,可通过讲座来进行传授。

3.学生自学和阅读某些具体的文化资料十分困难时,文化讲座可以解决学生因理解困难造成的误解。

文化讲座对班额大小没有严格限制,比较适合于大学生的文化导入教学。以专题顺序组织文化讲座有利于充分利用教师资源,效率较高。但是文化讲座也有缺点,如信息量过大、形式单一等,这些缺点往往使学习者感到厌倦,因此教师在设计讲座时应力求简洁、生动、有趣,最好还要采用多元互动模式来强化讲授内容。

二、文化旁白法

文化旁白法(Cultural Aside)是讲解文化知识的一种方法,是指在语言课中讲解语言知识、进行交际练习的同时,就有关内容加入文化背景知识的介绍和跨文化交际训练的教学方法。文化旁白的形式多种多样,教师可以充当解说员,也可以利用图片、实物进行讲解,目的是帮助学生更好地学习语言知识并理解目的语文化,比如,教学中可以将单词、词组、语言点中的文化知识或与其相关的常用的习语、谚语、成语、名言名句、典故等内容揭示出来。这种讲解策略能够创设文化语境,有助于学生联想,而且会使英语课生动有趣。如教学单词"cat""dog"时,可以告诉学生英语谚语"It rains cats and dog."意为"倾盆大雨"。此外,"dog"在西方国家常含有褒义,狗是主人忠诚的伴侣,西方人养狗就像抚养自己的孩子,如"You are a lucky dog."意思是"你是个幸运儿","Love me,love my dog"即"爱屋及乌",再如"Mr Brown is a big dog.",意思是布朗先生是个大人物。可见,进行必要的文化旁白,可以避免学生产生跨文化交际障碍,造成"文化休克"。

这种文化教学方法用途很广、使用时间最长,但有一定难度,它需要教师具备驾驭语言与文化的能力和一定的教学技能与艺术,同时要对教材内容做出详细分析,将教材中的语言知识蕴含的文化知识整理出来,分解在不同的知识点中,以便于在讲课的时候进行"旁白"讲解。

三、文化对比法

文化对比即比较分析,这种方法既是跨文化研究的主要方法,又是第二语言教学的重要方法。中西方由于地理位置、生态环境、政治制度、历史背景、风俗习惯、价值观念、行为模式的不同,其文化特征也不一样,唯有比较才能发现文化差异,才能有的放矢地进行语言与文化知识的教学。如教单词"old"(老)时,要比较中西方对"old"的态度和文化的不同,西方人怕别人说自己"old",因为"old"代表"useless or out-of-date"(无用的或过时的），而在中国，"老"代表着权威、经验和辈分，如"老师""老大爷""李老"等。了解了中西方关于"old"的文化差异后，要告知学生在与外国人进行交际的时候，不要当着老人的面说"you are old"之类的话语。再如关于隐私，西方非常注重个人隐私权，不喜欢别人问年龄、收入、婚姻等问题，因此不要轻易问外国人"How old are you?"，尤其是不要问成年女性这个问题。在教学"送生日礼物"一课时，可以比较中西方"送礼文化"的不同，对于别人送来的礼物，中国人往往要推辞一番，无可奈何地收下礼物后也不当面打开；而在英语文化中，人们对别人送的礼物要欣然接受并当面打开称赞。

文化对比的目的主要是让学生发现母语文化与目的语文化之间的异同，从而使学生加深对中外文化的理解，有助于跨文化交际素养的培养。当然，在进行文化对比的时候，教师应该保持客观性，不能偏好于某一种文化而贬低另一种文化。

四、"文化包"法

"文化包"法（Culture Capsules or Culture Pakage）是由泰勒（Taylor）和索伦森（Sorenson）于1961年提出的一种文化教学方法。这种方法是由教师选择一篇或几篇介绍目的语文化某个方面的文章，辅以说明性的图片或教具，对某个文化现象进行讲解，然后组织文化对比讨论。这有助于学生清楚地了解和认识所要掌握的内容，并且有利于培养学生的跨文化交际意识。国外研究表明，"文化包"法对小学教师来说比较容易操作。

五、文化附加法

文化附加法就是在外语教学中系统地添加一些文化内容，作为外语教材的附加部分。这一方法就是在教材中专门设立文化专栏，为学生举办文化讲座，组织学生参观文化展览，组织有关讨论，或者组织学生欣赏文化的表演、活动，等等。通过附加的文化知识，让学生系统地掌握所学外语国家的基础文化知识。附加的文化知识可以附加在外语教材之中，也可以是单独的文化知识读本。当然还需要附加相应的活动,培养学生的跨文化能力,可以是一些问答讨论活动,或者是一些相关的活动。

六、文化互动法

文化互动法是以教师与学生作为不同文化表现者的互动展开教学的一种方法,这种方法使学生在与教师的文化互动中感知外来文化,如教师与学生讨论某一文化现象,使学生在探讨中感知自己与教师文化的不同,然后形成自我判断。可以采取的方法有文化疑惑解析、文化冲突化解、文化专题研究等。互动法特别适合态度目标的教学,通过开放式的、平等性的、交流式的讨论,让学生在讨论中自觉地形成开放、平等、尊重、宽容、客观、谨慎的跨文化态度。

七、文化实践法

文化实践法就是让学生在外语教学中直接参与跨文化交际,在亲身参与的跨文化实践中获得跨文化的知识,形成跨文化的态度与能力。文化实践法就是引导学生对文化实践进行分析,特别是对文化实践的热点、难点进行专项分析,通过分析引导学生形成跨文化认知、比较、参照、取舍、传播的能力。

为了充分利用与外国人交往形成的文化教育的有效性,在学生与外国人交往之前,教师应该引导学生进行必要的意识、知识、能力准备。在与外国人交往之后,教师应组织学生进行相关的专题讨论,让学生总结他们获得的文化知识,形成或强化文化态度与能力。

八、小结

本节介绍了文化教学中一些常见的文化导入方法,这些方法各有特色,在实际教学过程中,教师应根据具体的教学内容和教学任务采用与之相适应的文化教学方法,设计适当的教学策略,或讲座或旁白或对比,或用文化包的方式导入目的语文化,对学生进行跨文化交际素养的培养。

第二节　构建模式的技术选择

在"技术与教学深度融合"的理念指导下,应该充分发挥各种信息技术应用方式的优势,将信息技术与文化教学融合起来,构建可行的文化教学模式。在信息技术的三种应用方式中,基于电子邮件的跨文化交际的效果是最好的,其次是软件概念图的使用,最后是"一对一"的资源提供方式。然而这三种应用方式在可获取性、可操作性、可行性等方面是各不相同的。虽然基于电子邮件的跨文化交际的效果是最好的,但是这种方式的可获取性低,因为在日常教学中,如果不是借助研究者的帮助,一线教师很难找到这么多的本族语者与学生们进行定期的邮件交际, 即使用这种方式来构建模式,也无法大范围地推广和实践;而软件概念图和"一对一"的资源提供方式则是"一对一"网络环境中非常容易获取并且具有很强的可操作性和可行性的技术应用方式。

因此,笔者将以软件概念图和"一对一"的资源提供方式作为整合教学的技术应用方式,将技术与本章第一节介绍的文化教学方法整合起来,构建不同的文化教学模式并进行实验实施。

第三节　整合技术的文化教学模式的构建

如前所述,教学模式以教学方法为核心。根据前述几种文化教学方法的特点,文化讲座法适合大学生的文化教学,文化旁白法和文化包法比较适合中小学生的文化教学。因此,本书将基于这两种适合小学生的文化教学方法来构建两种文化教学模式:整合技术的"文化包"模式和"文化旁白"模式,即在这两种模式中都整合了信息技术。

一、整合技术的"文化包"教学模式

整合技术的"文化包"教学模式比较适合以专题形式列举的文化知识

的学习,便于小学教师操作使用。

(一)模式结构

目前,人民教育出版社出版的小学英语教材都是按单元进行编写,每个单元包含一定的话题,这些话题涉及一些跨文化交际的知识。根据"跨越式"英语教学模式,阅读课和综合课都会涉及大量听读材料,将文化知识融合到这些材料里,让学生听读,有利于其跨文化交际素养的培养。在每一个单元的教学中,教师可以选择一个涉及主题的"文化包"提供给学生进行阅读,并进行中西文化的对比和分析讨论,从而丰富学生的跨文化交际知识,明晰不同文化之间的差异,培养其跨文化交际素养。

经过查阅跨文化教学相关文献和对学科专家的访谈,结合目前我国小学生英语教材 (以人民教育出版社出版的小学英语 PEP 教材为标准)的编写体例,在信息技术与课程整合理论的指导下,笔者构建了整合技术的"文化包"单元主题教学模式(见图 5-2)。

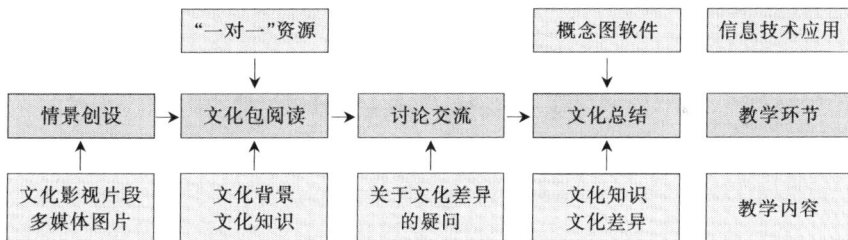

图 5-2　整合技术的"文化包"单元主题教学模式

该模式之所以称为整合技术的"文化包"教学模式,是因为在该模式中,信息技术不仅在情景创设环节作为内容呈现的媒体使用,更为重要的是为学生提供"一对一"的资源文化包,并在文化总结环节使用概念图软件进行文化知识概念图的绘制,充分利用了信息技术的两种不同应用方式,体现了"技术与教学深度融合"的理念。

(二)模式说明

该模式一共有四个环节,分别是情景创设、文化包阅读、讨论交流和文化总结,其中的第二个、第四个环节凸显了"跨文化"的特点。

　　该模式在一个主题的教学中可以实施一次,主要步骤是:第一步,教师提供反映西方文化的影视材料或多媒体图片等给学生观看,为学生创设跨文化学习的情境,引出其中的文化现象;第二步,教师出示包含该文化现象的一个文化包,这个文化包一般包含3~5篇阅读材料,或者介绍文化背景,或者讲解文化常识,或者讲述文化轶事,学生在"一对一"网络环境中,借助 VClass 平台自主阅读并学习这个文化包中的资源;第三步,阅读完这些材料后,学生以小组为单位对该文化包中的一些中西文化差异现象和疑惑进行讨论交流,教师及时进行解疑和分析;第四步,每位学生使用概念图软件对该文化现象和文化包的内容进行梳理总结。

二、整合技术的"文化旁白"教学模式

　　文化旁白是指在外语教学中将文化与语言知识相结合的教学方法。这种教学方法可以将单词、词组、语言点中的文化知识或与其相关的常用习语、谚语等内容揭示出来,这些内容不但不会给课堂学习增加负担,而且会使英语课生动有趣。笔者基于文化旁白法,整合"一对一"网络环境中的信息技术应用,构建了整合技术的"文化旁白"教学模式。

　　(一)模式结构

　　目前使用的小学英语教材中,某个课时的教学内容一般包括词汇、句式、语法、情景知识等内容,某些文化知识就蕴含在这些教学内容中。在理论基础的指导下,在"以言语交际为中心"的"跨越式"教学模式("111"模式)的基础上,笔者设计了"一对一"网络环境中整合信息技术的"文化旁白"课堂教学模式,该模式可以将跨文化交际素养三个层面的培养融合到课堂教学活动中。该模式共有五个环节:创设情景、讲授新知,文化旁白、比较差异,情景交际、巩固新知,拓展听读、整体感知,综合交际、文化小结(见图5-3)。

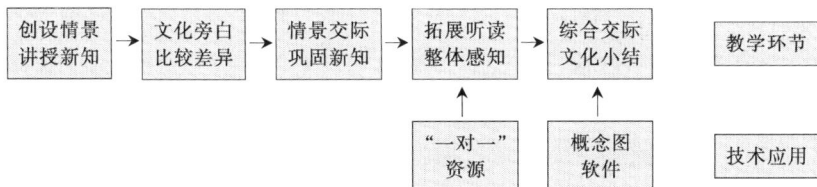

图 5-3　整合技术的"文化旁白"教学模式

(二)模式说明

与"以言语交际为中心"的"跨越式"模式("111"模式)相比,本模式凸显了"跨文化"的特点,在第二个环节中使用文化旁白的方式讲解跨文化知识,进行文化比较;在第五个环节中采用概念图软件进行文化知识的小结。需要进一步说明的是,文化旁白的教学内容是从每个主题中分解出来并尽量与教材话题相关的内容。"一对一"资源用在拓展听读环节,每节课使用一篇关于文化的材料。

为了配合"文化旁白"教学模式的使用,在日常教学中,教师应该引导学生主动培养自己的跨文化交际素养,教师要鼓励学生平时多观察、收集有关国外文化的资料,如服饰、报刊、饮食习惯、建筑及节日等方面的图片、文摘等;然后让学生在每节课前几分钟的自由发言(Free talk)或每天的每日发言(Daily talk)中与全班同学交流,分享跨文化交际知识,培养跨文化交际意识。这一方法不仅能拓宽学生的文化视野,提高文化素养,而且可以培养学生对文化差异的敏感性及兴趣,使学生在潜移默化中形成跨文化意识。

第四节　文化教学模式的有效性研究

根据文化输入理论,外语教学中要采用一定模式在课堂上讲解文化知识,扩大学生的文化知识面,激发他们学习外语的兴趣。已有的文化教学模式都是在传统教学的基础上建构的,这些模式偏向理论层面,可操作性差,更重要的是,这些模式轻视了信息技术的功能,淡化甚至完全忽视了信息技术的应用,没有体现信息时代"技术与教学深度融合"的理念,这也是导致我国跨文化教学效果并不能让人满意的原因之一。

随着我国教育信息化建设的飞速发展和教育部"三通两平台"的建设实施,"一对一"网络环境已经成为很多地区的学校教学中信息技术应用环境的主要代表。在"一对一"网络环境中如何培养学生的跨文化交际素养?整合技术的"文化旁白"模式和"文化包"模式能否有效促进学生跨文化交际素养的培养?为了探索以上问题,笔者设计了一个准实验实施和验证。

一、实验设计

1.实验目的:探索"一对一"网络环境中两种文化教学模式在培养学生跨文化交际素养方面的有效性。

2.自变量:文化教学模式。实验班 A 使用"文化包"教学模式,实验班 C 使用"文化旁白"教学模式,对照班 E 不使用这两种模式。

3.因变量:小学生跨文化交际素养(包含意识、知识和能力三个维度)。

4.实验对象:HS 学校 3 个小学六年级"跨越式"自然班,全部为网络班,这 3 个实验班都参与了前一阶段的实验研究(见表 5-1)。

表 5-1　两个研究阶段选取的实验对象分别参与的实验

	实验班 A	实验班 C	对照班 E
第一阶段实验研究	"一对一"资源提供方式	软件概念图的使用	基于电子邮件的跨文化交际
第二阶段实验研究	"文化包"模式	"文化旁白"模式	不使用这两种模式

5.设计描述:实验班 A 使用"文化包"教学模式,实验班 C 使用"文化旁白"教学模式,对照班 E 不使用这两种模式,而采用"111"模式。"文化旁白"模式和"文化包"模式中的内容信息量是一致的,采用"文化旁白"模式的实验班是将"文化包"中的学习材料分解到几个课时中进行学习。两个实验班都在"一对一"网络环境下,学生人手一台电脑,两个班级在阅读环节都使用 VClass 平台进行拓展听读,在文化总结和文化小结环节都使用概念图软件梳理文化知识。对照班也在"一对一"网络环境中开展教学,

但是不涉及文化内容的学习。实验流程如图5-4所示。

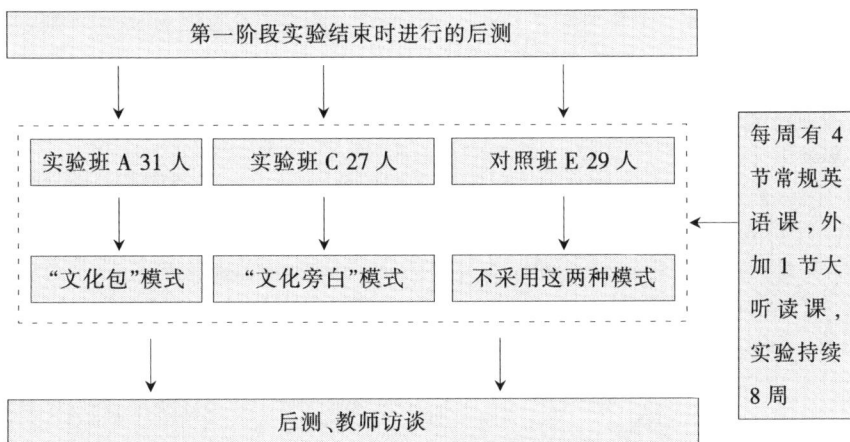

```
┌─────────────────────────────────────────────────┐
│          第一阶段实验结束时进行的后测              │
└─────────────────────────────────────────────────┘
        │              │               │
        ▼              ▼               ▼
┌─────────────────────────────────────────────┐  ┌──────────┐
│ ┌──────────┐  ┌──────────┐  ┌──────────┐  │  │ 每周有4  │
│ │实验班A 31人│  │实验班C 27人│  │对照班E 29人│  │  │ 节常规英 │
│ └──────────┘  └──────────┘  └──────────┘  │  │ 语课，外 │
│      │             │              │        │◀─│ 加1节大 │
│      ▼             ▼              ▼        │  │ 听读课， │
│ ┌──────────┐  ┌──────────┐  ┌──────────┐  │  │ 实验持续 │
│ │"文化包"模式│  │"文化旁白"模式│ │不采用这两种模式│ │  │ 8周     │
│ └──────────┘  └──────────┘  └──────────┘  │  └──────────┘
└─────────────────────────────────────────────┘
        │                            │
        ▼                            ▼
┌─────────────────────────────────────────────────┐
│              后测、教师访谈                        │
└─────────────────────────────────────────────────┘
```

图5-4　不同文化教学模式有效性验证实验流程

6.实验周期：8周。

7.实验假设

假设2-1：使用"文化旁白"模式与使用"文化包"模式在促进小学生跨文化交际素养培养方面有显著性差异。

此假设可以分为三个子假设：

假设2-1-1：使用"文化旁白"模式与使用"文化包"模式在促进小学生跨文化交际意识培养方面有显著性差异；

假设2-1-2：使用"文化旁白"模式与使用"文化包"模式在促进小学生跨文化交际知识学习方面有显著性差异；

假设2-1-3：使用"文化旁白"模式与使用"文化包"模式在促进小学生跨文化交际能力提高方面有显著性差异。

假设2-2：使用"文化旁白"模式与不使用模式在促进小学生跨文化交际素养培养方面存在显著性差异。

此假设可以分为三个子假设：

假设2-2-1：使用"文化旁白"模式与不使用模式在促进小学生跨文

化交际意识培养方面存在显著性差异；

假设 2-2-2：使用"文化旁白"模式与不使用模式在促进小学生跨文化交际知识学习方面存在显著性差异；

假设 2-2-3：使用"文化旁白"模式与不使用模式在促进小学生跨文化交际能力提高方面存在显著性差异。

假设 2-3：使用"文化包"模式与不使用模式在促进小学生跨文化交际素养培养方面存在显著性差异。

此假设可以分为三个子假设：

假设 2-3-1：使用"文化包"模式与不使用模式在促进小学生跨文化交际意识培养方面存在显著性差异；

假设 2-3-2：使用"文化包"模式与不使用模式在促进小学生跨文化交际知识学习方面存在显著性差异；

假设 2-3-3：使用"文化包"模式与不使用模式在促进小学生跨文化交际能力提高方面存在显著性差异。

8.无关变量的控制

(1) 实验教师的选择。本次实验的教师还是第一阶段实验的教师 G 和教师 L,G 老师为实验班 C 和对照班 E 授课,L 老师为实验班 A 授课。两位实验教师参加"跨越式"教学 3 年以上，拥有丰富的教学经验,对"111"模式比较熟悉。

(2)控制影响实验效果的其他因素。不告知学生实验的目的,消除霍桑效应、罗森塔尔效应等可能的影响因素。

二、实验实施

实验从 2013 年 11 月初开始,到 2013 年 12 月底结束,持续 8 周。

首先选择第一阶段实验的三个网络班作为本次实验的研究对象。实验班 A 采用"文化包"教学模式进行教学,以一个单元文化主题作为一个文化包,每周拿出一课时来集中讲授一个文化包,共讲授 7 周,第 8 周拿出 1 课时让学生自由复习。实验班 C 采用"文化旁白"教学模式进行日常教学,将 7 个单元的文化主题分散在每周的每节课中讲授,每周 4 课时均有文化主题的内容,学生每节课读一篇涉及文化的拓展材料,每课时的文化旁白、文化材料拓展阅读以及文化小结的时间约 10 分钟,每周大约40分钟,每周总的学习时间与"文化包"模式的 1 课时相当。对照班 E 既不采用"文化旁白"模式,也不采用"文化包"模式,只用"111"模式进行常规教学,教师不讲解文化知识,只在拓展听读中使用和实验班 C 相同的拓展材料。

8 周教学结束后,使用 ICLQ 量表对三个班进行后测,并于教学结束一周后对两位实验教师进行 QQ 视频远程访谈。访谈使用笔者提前设计的提纲(见附录六)。实验结束时笔者并不在现场,因笔者经常前往 HS 学校开展面对面的课题指导,平时也通过网络与实验教师保持密切联系,所以使用 QQ 视频的方式得到了实验教师的允许和配合。针对访谈提纲中的 4 个问题,笔者与每位实验老师进行了约 30 分钟的访谈。

三、实验结果

(一)量化数据结果

本实验的前测数据采用第一阶段实验研究的后测数据, 运用 SPSS16.0 软件输入数据并进行统计处理,采用单因素方差分析(见表 5-2)。

表 5-2　三个网络班第一阶段实验结果单因素方差分析

因素	意识	知识	能力	总分
实验班 A	3.79 ± 0.37	4.06 ± 0.24	3.63 ± 0.28	11.49 ± 0.65
实验班 C	3.78 ± 0.24	4.11 ± 0.19	3.79 ± 0.24	11.69 ± 0.39
对照班 E	3.84 ± 0.19	4.08 ± 0.16	3.61 ± 0.22	11.54 ± 0.42
F	0.41	0.46	4.29*	1.19
事后检验	—	—	C>E	—

(* $p<0.05$)

本实验收集了第一阶段单因素控制实验(信息技术的不同应用方式)

的后测数据作为前测数据,对三个网络班(实验班级)的测量数据进行单因素方差分析,结果发现三个班级在跨文化交际意识、知识两个维度上都不存在显著性差异,但是实验班 C 和对照班 E 在跨文化交际能力维度上存在显著性差异。

文化教学模式实验结束后,对后测数据进行协方差分析,因为前测中实验班 C 在跨文化交际能力维度上的测试分数与对照班 E 存在显著性差异,为了排除前测分数差异对实验结果的影响,采用协方差分析进行分析(见表5-3)。

表5-3 不同文化教学模式实施后的后测结果组间协方差分析

因素	意识	知识	能力	总分
实验班 A	3.99 ± 0.26	4.21 ± 0.21	3.76 ± 0.28	11.96 ± 0.35
实验班 C	4.03 ± 0.23	4.24 ± 0.11	3.90 ± 0.21	12.17 ± 0.33
对照班 E	3.88 ± 0.32	4.11 ± 0.19	3.64 ± 0.19	11.63 ± 0.52
F	2.55*	3.69*	4.31*	8.11**
事后检验	A,C>E	A,C>E	A,C>E	C>A>E

($*$ $p<0.05$,$**$ $p<0.01$)

研究发现,经过第二阶段不同文化教学模式的实验实施以后,三个班级各自发生了不同的变化,组间差异显著。进一步进行事后检验,结果显示实验班 C 的教学效果大于实验班 A 的教学效果,实验班 A 的教学效果大于实验班 E 的教学效果,实验班 C 的教学效果最大。

三个班级在跨文化交际意识维度上存在显著性差异,F=2.55、p<0.05,事后检验显示,实验班 A 的教学效果("文化包"模式)和实验班 C 的教学效果("文化旁白"模式)大于对照班 E("111"模式)的教学效果,接受原假设(假设2-2-1、2-3-1),但是实验班 A 与实验班 C 之间无显著性差异,拒绝原假设(假设2-1-1)。

三个班级在跨文化交际知识维度上存在显著性差异,F=3.69、p<0.05,事后检验显示,实验班 A 的教学效果("文化包"模式)和实验班 C ("文化旁白"模式)的教学效果大于对照班 E("111"模式)的教学效果,接

受原假设(假设 2-2-2、假设 2-3-2),但是实验班 A 与实验班 C 之间无显著性差异,拒绝原假设(假设 2-1-2)。

三个班级在跨文化交际能力维度上存在非常显著性差异,F=4.31、p<0.05,事后检验显示,实验班 C("文化旁白"模式)和实验班 A("文化包"模式)的教学效果大于对照班 E("111"模式)的教学效果,接受原假设(假设 2-2-3、2-3-3),但是由于实验班 A 与实验班 C 之间无显著性差异,因此拒绝原假设(假设 2-1-3)。

三个班级在跨文化交际素养总分上存在非常显著性差异,F=8.11、p<0.01,事后检验显示,实验班 C("文化旁白"模式)的教学效果大于实验班 A("文化包"模式)的教学效果,实验班 A 的教学效果大于对照班 E("111"模式)的教学效果,接受原假设(假设 2-1、2-2、2-3)。

针对三个班级的前后测数据,笔者进行了配对样本 t 检验(见表5-4)。

表5-4 三个班级前后测配对样本 t 检验

班级	维度	后测	前测	t 值
实验班 A	意识	3.99 ± 0.26	3.79 ± 0.38	2.56*
	知识	4.21 ± 0.21	4.06 ± 0.25	2.17*
	能力	3.76 ± 0.28	3.64 ± 0.29	1.88
	总分	11.96 ± 0.35	11.50 ± 0.65	3.86**
实验班 C	意识	4.03 ± 0.23	3.78 ± 0.25	3.87**
	知识	4.24 ± 0.11	4.12 ± 0.20	2.32*
	能力	3.90 ± 0.21	3.79 ± 0.24	1.87
	总分	12.17 ± 0.33	11.70 ± 0.40	4.37**
对照班 E	意识	3.88 ± 0.32	3.84 ± 0.19	0.96
	知识	4.11 ± 0.19	4.09 ± 0.17	0.50
	能力	3.64 ± 0.19	3.61 ± 0.22	0.74
	总分	11.63 ± 0.52	11.54 ± 0.42	1.33

(* p<0.05,** p<0.01)

结果显示,实验班 A 在跨文化交际意识维度的前后测存在显著性差异,t=2.56、p<0.05;在跨文化交际知识维度上前后测存在显著性差异,t=2.17、p<0.05;在跨文化交际能力维度上前后测不存在显著性差异,t=1.88、

p>0.05；在总分上前后测存在非常显著性差异，t=3.86、p<0.01。实验班C
在跨文化交际意识维度上前后测存在非常显著性差异，t=3.87、p<0.01；在
跨文化交际知识维度上前后测存在显著性差异，t=2.32、p<0.05；在跨文化
交际能力维度上前后测不存在显著性差异，t=1.87、p>0.05；在总分上前后
测存在非常显著性差异，t=4.37、p<0.01。对照班E在跨文化交际意识维度
上前后测不存在显著性差异，t=0.96、p>0.05；在跨文化交际知识维度上前
后测不存在显著性差异，t=0.50、p>0.05；在跨文化交际能力维度上前后测
不存在显著性差异，t=0.74、p>0.05；在总分上前后测不存在显著性差异，
t=1.33、p>0.05。

　　两个实验班在不同的文化教学模式的作用下均发生了变化，在跨文
化交际意识和跨文化交际知识的维度上其前后测配对样本 t 检验都呈现
显著性差异，但是在跨文化交际能力维度上前后测没有显著性差异。将第
一阶段与第二阶段的实验进行对比，发现三个班级都有了不同程度的变
化，结果如图 5-5 所示。第二阶段中，实验班 C 的变化最明显(斜率最
大)，其次是实验班 A 的变化，变化最不明显的是对照班 E。

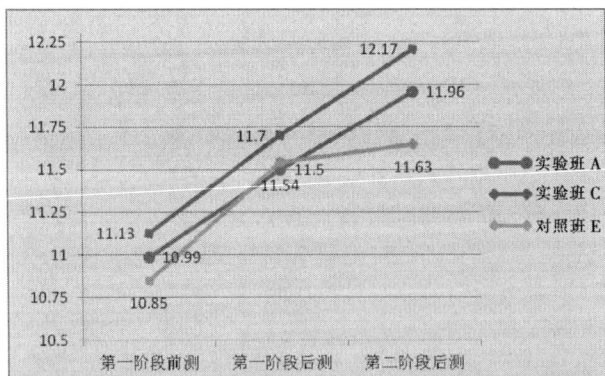

图 5-5　三个班级在两个实验阶段的变化对比折线图

(二)访谈结果

　　根据与两位实验教师的访谈，笔者将谈话中的关键词提取出来并做
了整理(见表 5-5)。

表 5-5　实验教师访谈问题与关键词

问题	访谈关键词
Q1:根据您在课堂内外的观察,您觉得经过这 8 周的实验教学后,学生的跨文化交际意识、知识和能力是否发生了变化?如果发生了变化,有哪些变化?	G(文化旁白):敏感、愿意、兴趣、视野开阔、主动 L(文化包):喜欢、提问、自信、接受(文化差异)、主动
Q2:您觉得这种教学模式的优点有哪些?	G(文化旁白):差不多、知识点分解、整合技术、容易操作 L(文化包):系统、整体、总结性好
Q3:您觉得这种教学模式的缺点有哪些?	G(文化旁白):琐碎、不系统 L(文化包):认知负荷、教学负担
Q4:您在实施教学时是否遇到了困难?遇到了什么困难?您是如何解决的?	G(文化旁白):总结——画"小概念图",累积法 L(文化包):文化包差异化——利用技术、分层教学

　　根据课堂内外的观察,两位教师都认为经过 8 周的实验教学,学生的跨文化交际素养发生了一定的变化。G 老师发现学生们对英语中的文化现象更敏感了,有些学生会将拓展材料中反映中西文化差异的词汇、习语或者课堂上学到的文化知识等摘录下来,录入平台讨论区(见图5-6),学生的视野更加开阔了,对外语学习更有兴趣了。L 老师则发现学生们更喜欢看英语课外书了,能够对不明白的问题进行提问,能够主动总结学习的文化知识。

图 5-6　实验班学生在讨论区中的发言

关于"文化旁白"教学模式的优点和缺点,G 老师认为:"该模式和跨越式'111'模式在操作步骤上非常类似,基本差不多,所以比较容易操作","该模式将文化知识进行了分解,化整为零,每天都让学生接触一点文化知识,潜移默化地培养文化意识","这个模式充分利用了信息技术,在不同环节中使信息技术有了不同的应用"。但是 G 老师也表示,正是因为该模式将知识点进行了分解,所以显得知识点琐碎、知识结构不系统,这对教师驾驭课堂和把握教材的能力提出了较高的要求。

关于"文化包"教学模式的优点和缺点,L 老师表示"这个模式可以让学生整体性地学习知识,结构性好,具有较强的总结性",但同时 L 老师认为"该模式对一些学生来说具有一定的认知负荷,因为其信息量太大,对教师来说也具有一定的教学负担"。因为每周的课时有限,要从每周的课时中专门拿出一节课来讲解一个文化专题,时间比较紧张。

在对"在实施教学时遇到了哪些困难以及如何克服这些困难"的回答中,G 老师认为在实施"文化旁白"教学模式时,总结文化知识是难点,因为文化知识被分解在每个课时中,很琐碎,即使使用概念图也不能很完整地总结文化知识,所以这是一个难点。不过,因为在第一阶段实验中,G 老师参与的是概念图使用的研究,对概念图的使用策略有较好的经验,通过尝试,第一节课她让学生绘制一幅关于这节课文化知识的"小概念图",之后的几节课就在这个基础上不断积累和扩充,到这个主题学完的时候就绘制了一幅比较全面、系统的概念图,达到了对文化知识总结的目的。L 老师则认为,在实施"文化包"教学模式的时候,如何处理文化包中材料的差异是其遇到的一个困难。她解释说,因为一个文化包中包含若干篇阅读材料,每个学生对这些材料的理解能力各不相同,在阅读速度和阅读质量方面存在一定差异,所以不能保证每个学生都能完成任务。为了克服这个困难,L 老师基于"一对一"网络进行巧妙设计,将文化包中的材料分为基础文化包和拓展文化包,基础文化包包括两篇最基本的材料,供全班集体阅读和讨论使用,拓展文化包则为阅读能力强的学生准备两篇难度大的材料。这样就实现了在资源差异基础上的"分层教学"。

四、分析与讨论

第一阶段单因素方差分析结果表明，三个班级在跨文化交际意识、知识两个维度上不存在显著性差异，但是实验班 C 和对照班 E 在跨文化交际能力维度上存在显著性差异。这是因为在第一阶段实验之前，在跨文化交际能力维度上，实验班 C(3.70±0.23)就比对照班 E(3.38±0.30)的分数要高，这个因素在后测的时候应该用协方差分析消除其影响。

两种文化教学模式实验实施以后的数据分析表明，采用"文化旁白"模式(实验班 C)的总体教学效果比采用"文化包"教学模式(实验班 A)的总体效果好，采用"文化包"教学模式(实验班 A)的总体教学效果比不采用任何一种模式的对照班 E 的总体效果好。说明"文化旁白"模式和"文化包"模式在促进小学生跨文化交际素养的培养上有一定的积极作用，并且"文化旁白"模式比"文化包"模式的效果要更好一些。

三个班级各自的前后测配对样本 t 检验结果表明，实验班 A 和实验班 C 在跨文化交际意识、知识维度上都存在显著性差异，在跨文化交际能力上不存在显著性差异，对照班 E 在三个维度上都不存在显著性差异，说明这两种模式("文化旁白"模式和"文化包"模式)对于促进学生的跨文化交际意识和知识的培养和学习都有一定作用，但是在促进能力提高方面的作用并不明显。在方差分析时实验班 A、C 和对照班 E 之间存在显著性差异，那是因为实验班 A 和实验班 C 参与了实验，对照班 E 没有参与实验，在这个过程中，学习起了主要的作用。这个结论与第一阶段的实验结论非常类似，笔者认为，原因主要还是在于能力的培养需要一个相对长期的过程。

为什么方差分析时实验班 A 和实验班 C 在三个维度上都没有显著性差异，而在总分上却存在显著性差异呢？笔者分析后认为，虽然三个维度上没有显著性差异，但是从配对样本 t 检验的值可以看出，在意识、知识和总分上，实验班 C 的 t 值都大于实验班 A，两个班级在能力维度上的 t 值基本相等(t_A=1.88,t_C=1.87)，在方差分析时总分存在显著性差异就是因这种累积效应而形成的。

为什么"文化旁白"模式的累积效应比"文化包"模式更好呢？笔者进一步分析后认为，主要存在三个原因：

第一，"文化旁白"模式来自于对"111"模式的改造，实验教师对"111"模式非常熟悉，因此在操作"文化旁白"模式的时候比操作"文化包"模式更为容易，并且"111"模式的有效性已经被证明。

第二，"文化旁白"模式将知识点分解，学生在每天的语言学习和交际练习时都会学习到文化知识，耳濡目染，实现了跨文化交际素养的"量"的累积，非常符合文化输入、文化输出理论的要求；而"文化包"模式则以专题为形式，每周一个专题，学生并不是每天都有机会接触文化知识，因此"文化旁白"模式比"文化包"模式更具有累积效果。

第三，从学生对信息技术的应用角度来看，信息技术作为认知工具可以促进学生的知识建构。使用"文化旁白"模式的学生在第一阶段参与了概念图应用的实验研究，因此他们比使用"文化包"模式的学生更多地练习了使用概念图梳理文化知识，他们在第二阶段实验中继续使用概念图软件来总结文化知识，这两个阶段的技术累积效应起了作用。

五、结论与建议

在小学阶段的文化教学中，整合技术的"文化旁白"模式和"文化包"模式都有一定的积极作用，但是由于"文化旁白"模式具有的易操作性、对知识点的细化分解和信息技术使用的累积效应的优势，使其相较于"文化包"模式在培养学生的跨文化交际素养方面显示出更好的效果。因此，在今后的文化教学中，应该倡导"文化旁白"模式的使用，在恰当的时候也可以结合使用"文化包"模式，以便于对文化知识的复习和总结。

第六章　总结与展望

本研究从设计、实施到结束，历时一年多，先后经历了两大实验阶段，即用三组单因素控制实验来探索信息技术的不同应用方式对培养跨文化交际素养的影响，构建了整合技术的文化教学模式并验证其有效性。本章首先对这两个阶段的研究结果进行梳理、总结，并对结论进行反思，接下来对本研究的创新之处、存在的局限性进行分析，并给出后续研究的方向。本章内容结构如图6-1所示。

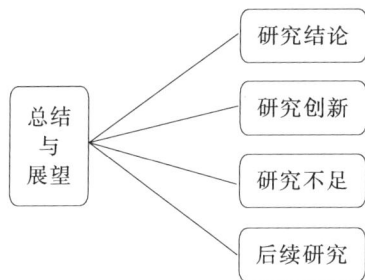

图6-1　第六章内容结构图

第一节　研究结论

一、研究结论一

本研究的第一阶段通过准实验的研究方法，对HS学校的6个自然班级开展了为期一个月的准实验研究，探讨了信息技术的不同应用方式对小学生跨文化交际素养培养的影响。

研究结论一：信息技术的不同应用方式会影响跨文化交际素养的培养，不同应用方式的效果也有差异。

1.不同的资源提供方式对跨文化交际素养培养的影响存在差异

结论1-1："一对一"资源提供方式与传统资源提供方式在促进小学生跨文化交际素养培养方面存在显著性差异(部分证实假设1-1)。

结论1-1-1："一对一"资源提供方式与传统资源提供方式在促进小学生跨文化交际意识培养方面存在显著性差异(证实假设1-1-1)。

结论1-1-2："一对一"资源提供方式与传统资源提供方式在促进小学生跨文化交际知识学习方面存在显著性差异(证实假设1-1-2)。

结论1-1-3："一对一"资源提供方式与传统资源提供方式在促进小学生跨文化交际能力提高方面不存在显著性差异(否定假设1-1-3)。

2.概念图的不同使用方式对跨文化交际素养培养的影响存在差异

结论1-2：软件概念图与纸笔概念图在促进小学生跨文化交际素养培养方面存在显著性差异(部分证实假设1-2)。

结论1-2-1：软件概念图与纸笔概念图在培养小学生跨文化交际意识方面不存在显著性差异(否定假设1-2-1)。

结论1-2-2：软件概念图与纸笔概念图在促进小学生跨文化交际知识学习方面存在显著性差异(证实假设1-2-2)。

结论1-2-3：软件概念图与纸笔概念图在提高小学生跨文化交际能力方面不存在显著性差异(否定假设1-2-3)。

3.不同的交际方式对跨文化交际素养培养的影响存在差异

结论1-3：基于电子邮件的交际方式与不使用电子邮件的交际方式在培养小学生跨文化交际素养方面存在显著性差异(部分证实假设1-3)。

结论1-3-1：基于电子邮件的交际方式与不使用电子邮件的交际方式在培养小学生跨文化交际意识方面存在显著性差异(证实假设1-3-1)。

结论1-3-2：基于电子邮件的交际方式与不使用电子邮件的交际方式

在促进小学生跨文化交际知识学习方面存在显著性差异(证实假设1-3-2)。

结论1-3-3:基于电子邮件的交际方式与不使用电子邮件的交际方式在提高小学生跨文化交际能力方面不存在显著性差异(否定假设1-3-3)。

二、研究结论二

第二阶段实验构建了课堂级别和主题单元级别的文化教学模式,并实施实验对其有效性进行验证,得出了以下的研究结论二。

1."文化旁白"模式与"文化包"模式的教学效果存在差异

结论2-1:使用"文化旁白"模式与使用"文化包"模式在促进小学生跨文化交际素养培养方面有显著性差异(证实假设2-1)。

结论2-1-1:使用"文化旁白"模式与使用"文化包"模式在促进小学生跨文化交际意识培养方面不存在显著性差异(否定假设2-1-1)。

结论2-1-2:使用"文化旁白"模式与使用"文化包"模式在促进小学生跨文化交际知识学习方面不存在显著性差异(否定假设2-1-2)。

结论2-1-3:使用"文化旁白"模式与使用"文化包"模式在促进小学生跨文化交际能力提高方面不存在显著性差异(否定假设2-1-3)。

2.使用"文化旁白"模式与不使用模式的教学效果存在差异

结论2-2:使用"文化旁白"模式与不使用模式在促进小学生跨文化交际素养培养方面存在显著性差异(证实假设2-2)。

结论2-2-1:使用"文化旁白"模式与不使用模式在促进小学生跨文化交际意识培养方面存在显著性差异(证实假设2-2-1)。

结论2-2-2:使用"文化旁白"模式与不使用模式在促进小学生跨文化交际知识学习方面存在显著性差异(证实假设2-2-2)。

结论2-2-3:使用"文化旁白"模式与不使用模式在促进小学生跨文化交际能力提高方面存在显著性差异(证实假设2-2-3)。

3.使用"文化包"模式与不使用模式的教学效果存在差异

结论2-3:使用"文化包"模式与不使用模式在促进小学生跨文化交际素养培养方面存在显著性差异(证实假设2-3)。

结论2-3-1：使用"文化包"模式与不使用模式在促进小学生跨文化交际意识培养方面存在显著性差异（证实假设2-3-1）。

结论2-3-2：使用"文化包"模式与不使用模式在促进小学生跨文化交际知识学习方面存在显著性差异（证实假设2-3-2）。

结论2-3-3：使用"文化包"模式与不使用模式在促进小学生跨文化交际能力提高方面存在显著性差异（证实假设2-3-3）。

三、研究反思

在第一阶段的研究中，信息技术的三种应用方式中，"一对一"的资源提供方式对跨文化交际意识、知识的培养和学习有效，基于电子邮件的交际对跨文化交际意识和知识的培养和学习有效，而软件概念图的使用则对跨文化交际知识的培养比较有效，这三种方式都在一定程度上促进了跨文化交际素养的培养。

在信息技术的三种应用方式的教学效果中，基于电子邮件交际的教学效果最好，其次是软件概念图的使用，最后是"一对一"的资源提供方式。这是因为从教学活动和学生体验的视角来看，三种应用方式的作用机理和范围是不一致的；从技术应用的深度和布鲁姆的教育目标分类学的视角来看，三种应用方式的信息技术应用深度是不同的，这种深度对学生认知发展层次的支持也存在着差别；从技术哲学的视角来分析，三种应用方式分别属于"认识技术"和"实践技术"，应用"实践技术"的方式比应用"认识技术"的方式更有利于知识的创生。

"文化旁白"模式和"文化包"模式在促进小学生跨文化交际素养的培养上都有一定的积极作用。从整体上来看，"文化旁白"模式比"文化包"模式的累积效果更好一些，这是因为"文化旁白"模式与"文化包"模式相比更容易操作，更能细化知识点，并且更有助于累积信息技术的使用效应，所以在文化教学中应该倡导使用"文化旁白"模式。

在信息技术与文化教学融合的作用下，跨文化交际素养的三个维度中,跨文化交际意识和跨文化交际知识分别属于态度领域和认知领域,可以在相对短的时间内产生一定的效果,而跨文化交际能力属于行为领域,不容易在短时间内发生变化,其变化需要相对较长的时间。

第二节　研究创新

本研究在自然、真实、长期的"跨越式"教学情境中进行,以"一对一"网络环境中小学生跨文化交际素养的培养为研究主题,具有一定的时代意义与实践价值。本研究在以下三个方面具有创新性。

一、内容的创新

本研究基于"一对一"网络环境构建了整合信息技术应用的两种文化教学模式——"文化旁白"模式和"文化包"模式。在当前信息技术与外语教学整合的领域中并不存在"一对一"网络环境中的整合技术的文化教学模式,笔者针对小学英语教学实践,借鉴已有的文化教学方法,在相关理论指导下,将信息技术充分应用于跨文化教学,提出了整合技术的文化教学模式,在研究内容上具有创新性。

二、视角的创新

本研究在"信息技术对教育具有革命性影响"和"'一对一'数字学习理念"的指导下,从"技术与教学深度融合"的视角切入,探索"一对一"网络环境中小学生跨文化交际素养的培养,分别从信息技术作为教学媒体的视角、信息技术作为认知工具的视角和基于CMC的交际教学视角来研究信息技术的不同应用方式,构建了整合信息技术应用方式的文化教学模式并进行实验,让技术为教学服务,体现"技术推动教学"的思想。

本研究还从比较研究的视角对信息技术的三种应用方式对跨文化交际素养培养的效果进行了比较研究,采用三组不同的独立样本,通过准实验的研究方法对该问题进行了探索。

三、数据分析方法的创新

本研究采用实证主义范式的准实验研究方法，先通过单因素控制实验进行第一阶段实验，再通过模式构建和准实验进行第二阶段实验，每个阶段的实验研究都有完备的实验设计、数据收集和无关变量控制的流程，开发的测量工具具有较好的信度和效度。在数据的统计与分析方法上，量化分析和质性分析相结合。在概念图分析中，创新使用了节点深度分析方法，这种方法克服了一般浅层次的语言描述，能够深刻揭示学生的认知层次和思维深度。同时，在对实验结果的讨论和分析上，本研究从多个视角运用多种理论对结果进行阐释，追本溯源，力求客观，没有停留在一般意义上的量化和质性讨论，上升到技术哲学的层面，跳出了纯粹技术应用主义的窠臼。

第三节　研究不足

准实验是教育研究中经常采用的一种研究方法，旨在教育实践中发现并解决问题。教育技术的核心价值是基于问题寻求解决方法，因此，准实验在教育技术领域的应用也非常普遍。本研究是一项基础教育教学现场的实证性研究，通过准实验研究来寻求各种证据与资料，进而回答问题或检验假设，目的是探索"一对一"网络环境中培养小学生跨文化交际素养的模式和信息技术的应用方式。尽管本研究采取了一些措施保证实验过程的科学性和实验结果的精确性，但是也不可避免地存在一些不足，主要有以下三点：

第一，从实验设计上看，实验班级的数量不能满足实验需要，每个阶段无法采用不同的实验对象，第一阶段和第二阶段的实验对象存在重复，比如第二阶段的三个实验班都参与了第一阶段信息技术不同应用方式的实验。因此，第一阶段的实验研究很可能会对第二阶段的实验研究产生一定的影响，这种影响在第二阶段实验研究中已经有所体现，但是无法排除。另外，从实验效果上反思实验设计，发现实验时间还是不足。跨文化交际能力的培养是一个相对长期的过程，但是由于研究对象以及课题指导等诸多主客观方面的原因，导致无法继续延长实验时间，这也成为本研究的一个不足。

第二，确定信息技术的应用方式时，考虑的范围比较有限。本研究只选取了信息技术作为教学媒体中的资源呈现方式、信息技术作为认知工具中的概念图软件和基于 CMC 的文化教学模式中的电子邮件交际三种信息技术应用方式。从信息技术与教学融合的角度来看，信息技术在文化教学中的应用方式和技术类型呈多样化，不限于上述方式。

第三，由于教育研究本身具有较高的复杂性，教育现场也具有不可复制性，加上准实验研究是在真实的教学环境中进行，导致研究过程中存在许多不可控因素，尽管已经采用了一些方法和程序来控制各种干扰变量，但是实验结果的精确性和效度难免会受到一定影响。同时，因为选取的实验对象全部来自"跨越式"课题学校，所以信息技术的不同应用方式以及文化教学模式有效性的研究结论目前仅限于推广到"跨越式"课题学校，这些结论是否适用于其他地区、其他类型的非跨越式课题学校，尚待进一步的研究和验证。

第四节　后续研究

为了进一步探讨"一对一"网络环境中跨文化交际素养培养的模式和技术应用规律，未来将从以下三个方面进行深入研究：

第一，对信息技术在文化教学和跨文化交际素养培养中的应用方式进行更全面深入的研究，设计更加全面、可行的实验，从多个维度和层面研究信息技术在跨文化交际素养培养中的应用方式，比如信息技术在评价、反馈等方面的应用方式。同时，深入挖掘新技术在跨文化交际素养培养中的应用方式，以虚拟现实和增强现实技术、移动学习技术、泛在学习技术为代表的新技术都在文化教学或者学生跨文化交际素养培养中有所应用,这些将是进一步研究的方向。

第二,探索新的整合技术的文化教学模式,比如 CSCL 模式和基于虚拟现实游戏的文化教学模式。CSCL 模式可以通过协作性来实现文化教学信息资源的共享和学习活动的共享,同时支持角色扮演。虚拟现实游戏可以创造出丰富、有趣、沉浸式的虚拟学习环境,有利于学习者跨文化交际素养的培养。

第三,尝试从其他地区的"跨越式"课题学校取样,甚至从其他地区的非跨越式课题学校取样,进一步丰富样本类型,根据其他地区学生的实际情况,设计更加完善的实验方案并实施,修订并完善测量工具,进一步提高研究结论的普适性与推广性。

参考文献

中文部分

1.白雪.跨文化敏感度对跨文化交际能力的影响[D].大连理工大学硕士学位论文,2010.

2.毕继万.跨文化交际与第二语言教学[M].北京:北京语言大学出版社,2009.

3.曹培杰.网络情境下学生认知发展特点及对策研究[D].北京师范大学博士学位论文,2012.

4.陈德怀.一对一数位学习:一个全球合作研究的机遇[J]. Research and Practice in Technology Enhanced Learning, Vol. 1, No. 1 (2006) 3–29.

5.陈俊森,樊葳葳,钟华.跨文化交际与外语教育[M].武汉:华中科技大学出版社,2006:34、36.

6.陈申.语言文化教学策略研究[M].北京:北京语言大学出版社,2001:15.

7.辞海[Z].上海:上海辞书出版社,2009.

8.D.兰迪斯,珍妮特·M.贝内特,米尔顿·J.贝内特.跨文化培训指南[M].关世杰,何明智,陈征,等,译.北京:北京大学出版社,2009:22、26.

9.戴琨.浸入式虚拟文化学习环境中基于元认知的跨文化交际能力培养[J].西安建筑科技大学学报,2012,(8):90–95.

10.邓兆红.高中英语课程标准视野下学生跨文化交际能力实证研究

[D],华中师范大学硕士学位论文,2007.

11.付国庆.论中学英语教学中文化意识和跨文化交际能力的培养[D],上海师范大学硕士学位论文,2008.

12.高菲.基于网络资源的跨文化交际教学[J].大连教育学院学报,2010,(9):68-69.

13.高黎,王方.跨文化交际能力的基本因素研究[J].西北大学学报(哲学社会科学版),2007,(5).

14.高晓霞.建构主义学习理论指导下的非英语专业学生跨文化交际能力的培养[D].重庆师范大学硕士学位论文,2011.

15.高一虹.语言文化差异的认识与超越[M].北京:外语教学与研究出版社,2000:56.

16.高一虹.跨文化交际能力的培养:跨越与超越[J].外语与外语教学,2002,(10):27-31.

17.顾嘉祖,陆昇.语言与文化[M].上海:上海外语教育出版社,2002:15.

18.关世杰.跨文化交流与国际传播研究[M].北京:中国社会科学出版社,2011:5.

19.郭海英.浅议跨文化交际能力的培养[J].淮阴师范学院教育科学论坛,2007,(3).

20.郭雨.WebQuest在跨文化交际能力培养中的应用[J].徐州建筑职业学院学报,2009,(12):93-96.

21.国际教育信息化发展研究项目组.国际教育信息化发展报告[R],北京:北京师范大学出版社,2013—2014:88-90.

22.国务院.国家中长期教育改革和发展规划纲要(2010—2020年)[Z].2010.

23.韩海燕.网络教学环境下跨文化交际能力的培养[J].中国电化教育,2011,(4):101-104.

24.韩红.文化全球化视景中跨文化外语教育素质模式的重构[M].北京:商务印书馆,2002.

25.韩晓玲.寓语言教学于文化教学[J].外语与外语教学,2002,(12).

26.何克抗.语觉论[M].北京:人民教育出版社,2004:111-121.

27.何克抗.现代教育技术在课堂教学中的应用案例设计与点评(英语)[M].天津:天津教育出版社,2008:29-32.

28.何克抗.信息技术与课程深层次整合理论[M].北京:北京师范大学出版社,2008:31-35.

29.何克抗,林君芬.基于语觉论的英语教育跨越式发展创新试验[J].中国电化教育,2004,(12):10-18.

30.何高大.多媒体技术——跨文化交际的革命[J].四川外语学院学报,2001,(2):22.

31.胡文仲.跨文化交际学概论[M].北京:外语教学与研究出版社,1999:19-20.

32.胡文仲,高一虹.外语教学与文化[M].长沙:湖南教育出版社,1997:5、56.

33.惠幼莲,洪子锐.新课程教学法[M].长春:东北师范大学出版社,2006:2.

34.贾玉新.跨文化交际学[M].上海:上海外语教育出版社,1997:9、85.

35.教育部.教育信息化十年发展规划(2011—2020)[Z].2012.

36.教育部.义务教育英语课程标准(2011年版)[S].北京:北京师范大学出版社,2011:1-2.

37.蒋红,樊葳葳.大学英语限选课"英美文化"教学模式初探[J].外语界,2002,(1):42-45.

38.李红恩.论英语课程的文化品格[D].西南大学博士学位论文,2012.

39.李克东.数字化学习(上)——信息技术与课程整合的核心[J].电化教育研究,2004,(2):46.

40.李玲玲.论网络跨文化交际能力[D].苏州大学硕士学位论文,2010.

41.李竟成.英语教学中文化导入及跨文化意识培养的策略探讨[EB/OL]. http://www.jxteacher.com/gx/column32800/dd1c6302-7996-4ec5-87a9-

f0efd6599ba9.html.

42.李星娟.排除语言障碍渗透文化意识——小学英语教学中培养学生跨文化交际能力初探[J].小学教学设计,2004,(5):4-5.

43.李早霞.大学英语文化体验教学研究[D].陕西师范大学博士学位论文,2012.

44.梁丽."文化休克"要及早预防——在小学英语教学中要培养学生的跨文化交际能力[J].基础教育研究,2002,(7):74-75.

45.林大津,谢朝群.跨文化交际学:理论与实践[M],福州:福建人民出版社,2005:15-16.

46.林宇飞.泛在学习环境下跨文化交际能力的培养策略[J].宁波大学学报,2013,(1):106-111.

47.刘晶.英语跨文化交际教学研究[D].东北师范大学硕士学位论文,2006.

48.刘俊生,余胜泉.一对一数字化学习研究的领域与趋势[J].现代教育技术,2012,(1):19-24.

49.刘俊生,余胜泉.分布式认知研究述评[J].远程教育杂志,2012,(1):92-97.

50.刘艳秋.跨文化交际与外语教学[M].北京:中国科学技术出版社,2007:6-7、75.

51.刘咏梅,李毅.小学英语教学中跨文化交际能力的培养[J].中小学外语教学,2007,(6):8-11.

52.刘玉山,胡志军.基于网络技术的跨文化交际能力的培养[J].山东教育学院学报,2010,(5):72-76.

53.鲁子问.小学英语课堂教学理论与实践[M].北京:中国电力出版社,2004:118-119.

54.马宁,余胜泉.信息技术与课程整合的层次[J].中小学信息技术教育,2002,(1).

55.马振涛.影视材料在英语视听说教学中的应用[A]//修月祯.网络多

媒体环境下的英语教学改革之研究[C],北京:清华大学出版社,2006.

56.牟宜武,朱丽萍,沈渭菊.跨文化电子邮件交流对学生英语写作能力的影响[J].现代远程教育研究,2013,(1):78-84.

57.潘炳信,荣君.利用电子邮件辅助跨文化交际教学[J].外语电化教学,2000,(12):30-34.

58.彭世勇.国际跨文化交际主流研究与实证方法[J].中国外语,2008,(9).

59.彭世勇.中国跨文化交际研究的现状、问题与建议[J].湖南大学学报(社会科学版),2005,(7).

60.浦小君.外语教学与跨文化教学技能[J].外语界,1991,(2):28-30.

61.邱晓芬.基于博客的跨文化交际能力培养研究[D].上海外国语大学硕士学位论文,2008.

62.曲宪明.中美在跨文化交际中时间观的差异[J].太原城市职业技术学院学报,2007,(2).

63.邵思源,陈坚林.一项对高中英语教师跨文化交际敏感度的调查[J].外语学刊,2011,(5).

64.束定芳,庄智象.现代外语教学——理论、实践与方法[M].上海:上海教育出版社,1996:26-27.

65.宋海洪.大学生跨文化交际敏感度现状调查[J].重庆科技学院学报,2009,(6).

66.宋莉.跨文化交际法中国英语教学模式探析[D].上海外国语大学博士学位论文,2008.

67.宋艳.高中英语教学中跨文化交际意识培养的现状调查与分析[D].山东师范大学硕士学位论文,2011.

68.王琦.信息技术环境下的外语教学研究[M].北京:中国社会科学出版社,2006:59-61.

69.王涛.论运用多媒体视听手段培养学生跨文化意识[J].长沙铁道学院学报,2005,(4):178-179.

70.汪火焰.基于跨文化交际的大学英语教学模式研究[D].华中科技大学博士学位论文,2012.

71.王小凤,肖旭华.现代多媒体网络教学环境中跨文化交际能力的培养[J].四川外语学院学报,2006,(6):134-136.

72.王振亚.以跨文化交往为目的的外语教学[M].北京:北京语言大学出版社,2005:42-44、52-53.

73.卫岭.大学英语跨文化交际能力培养体系研究与实践[J].开放教育研究,2012,(1):118-123.

74.吴明隆.问卷统计分析实务——SPSS操作与应用[M].重庆:重庆大学出版社,2010:244-246.

75.肖仕琼.跨文化视域下的外语教学[M].广州:暨南大学出版社,2010:70、85-86.

76.谢芹.运用DMIS模式拓展外语学习者的跨文化能力[D].上海外国语大学硕士学位论文,2006.

77.徐琰.跨文化交际教学的三维互动协作式交际教学模式探究[J].吉林广播电视大学学报,2011(3):140-142.

78.许力生.语言研究的跨文化视野[M].上海:上海外语教育出版社,2006:232-233.

79. 杨连瑞, 张德禄.Second language acquisition and foreign language teaching in China[M].上海:上海外语教育出版社,2007.

80.杨洋.跨文化交际的界定和评价[D].北京语言大学博士学位论文,2009.

81.杨盈,庄恩平.构建外语教学跨文化交际能力框架[J].外语界,2007,(4):13-21.

82.叶朝成.网络环境下大学英语听力教学中跨文化交际能力培养的实证研究[J].中国电力教育,2010,(18):196-197.

83.叶琴法,陈小莺.外国语言教学与研究[M].杭州:浙江大学出版社,2009.

84.余菁.初中英语口语课堂上提高中学生跨文化交际能力的培养[D].华中师范大学硕士学位论文,2011.

85.余胜泉.人人电脑时代更需要拓展课堂深度[J].中小学信息技术教育,2013,(1):18-21.

86.余胜泉,陈玲.1:1课堂网络教学环境下的教学变革[J].中国电化教育,2007,(11):25-29.

87.余胜泉,何克抗.网络教学平台的体系结构与功能[J].中国电化教育,2001.(8):60-63.

88.曾真.论即时聊天对大学生跨文化交际能力的影响[D].中国海洋大学硕士学位论文,2011.

89.张德禄,苗兴伟,李学宁.功能语言学与外语教学[M].北京:外语教学与研究出版社,2005.

90.张红玲.基于计算机网络的跨文化交际(CMICC)及其在外语教学中的应用[J].山东外语教学,2009,(2):38-43.

91.张晋兰,劳利.多媒体语言实验室的使用与高校外语教学中学生跨文化交际能力的培养[J].兰州大学学报,2000,(28):300-303.

92.张倩.基于多媒体网络环境下大学生跨文化交际能力的培养[J].长春教育学院学报,2012,(8):68-69.

93.张思,蔡媛媛.在英语教学中培养跨文化交际意识,提高跨文化交际能力[J].华章,2012,(22):134.

94.张卫东,杨莉.跨文化交际能力体系的构建——基于外语教育视角和实证研究方法[J],外语界,2012,(2):8-16.

95.张艳,杨跃.网络外语教学新模式与跨文化交际能力[J].外语电化教学,2006,(8):95.

96.章兼中.国外外语教学法主要流派[M].上海:华东师范大学出版社,1983.

97.赵爱国,姜雅明.应用语言文化学概论[M].上海:上海外语教育出版社,2003.

98.郑日昌.心理测验与评估[M].北京:高等教育出版社,2005:60-62.

99.《中国电化教育》编辑部.1:1 数字学习:学习革命的新浪潮[J].中国电化教育,2007,(6).

100.钟华,樊葳葳,秦傲松.非英语专业学生社会文化能力调查[J].外语界,2001,(44).

101.周国梅,傅小兰.分布式认知———一种新的认知观点[J].心理科学进展,2002,(2):147-153.

102.朱丽君.小学英语教学中培养学生跨文化交际能力初探[D].华中师范大学硕士学位论文,2010.

103.朱莉蓉.商务英语教学中跨文化交际能力培养的教学方法研究[J].江苏教育学院学报,2011,(6):114-115.

104.庄玲,王亮,周林强.高校学生跨文化意识的培养——网络与跨文化交际课程整合的报告[J].江苏外语教学研究,2010,(1):29-35.

105.资芸.多媒体网络英语教学中跨文化交际能力的培养[J].湖北经济学院学报,2007,(7):189-190.

106.邹艳菁.基于 Wiki 的英语文化研究性学习应用研究[J].江西理工大学学报,2011,(12):99-101.

英文部分

1.Abrams Z I. From theory to practice: Intracultural CMC the L2 classroom.// L Ducate ,N Arnold (Eds.) .Calling on CALL: From theory and research to new directions in foreign language teaching[J](CALICOMonograph Series, Vol. 5:181‐209). San Marcos, TX: CALICO.Bello,T. New avenues to choosing and using videos[J]. Tosol matters, 1999:26-28.

2.Arasaratnam Lily A,Banerjee Smita C. Sensation seeking and intercultural communication competence: A model test [J].International Journal of Intercultural Relations, 2011,(3):226-233.

3.Bello T. New avenues to choosing and using videos[J]. Tosol matters, 1999,(4).

4.Belz J.Linguistic perspectives on the development of intercultural competence in telecollaboration [J]. Language Learning & Technology, 2003,7(2): 68–117.

5.Bhawuk D P S,R Brislin. The measurement of intercultural sensitivity using the concepts of individualism and collectivism[J]. International Journal of Intercultural Relations ,1992,(16):413–436.

6.Brown H. Principles of Language Learning and Teaching [M]. Englewood Cliffs, N. J. Prentice Hall, 1987:21–23.

7.Byram M, Risager K. Language teachers, politics and cultures[M]. Clevedon, UK: Multilingual Matters,1990:68–70.

8.Byram M. Cultural Studies in Foreign Language Education[M].Clevedon,Avon:Multilingual Matters,1989:84–85.

9.Catteeuw Paul. Can intercultural competence be taught? Ethnology and intercultural communication[J].Volkskunde, JUL–DEC,2008: 269–277.

10.Chen G M , Starosta W J. The Development and Validation of the Intercultural Communication Sensitivity Scale [J]. Human Communication, 2000,(3):25–29、214–219.

11.Chi–Fen Emily Chen.The development of E–mail literacy: from writing to peers to writing to authority figures [J]. Language learning & technology, 2006,(1): 35–55.

12.Cushner K, Brislin R W. Improving Intercultural Interactions:Modules for Cross–cultural Training Programs[M].Thousand Osks,CA: Sage Publications,1997.

13.Denise E Murray.Technologies for second language literacy[J].Annual Review of Applied Linguistics,2005,(25):188–201.

14.Dorothy M Chun. Developing Intercultural Communicative Competence through online exchanges[J]. CALICO Journal,2011,28(2):69.

15.Dowling D.Computer−mediated communication:Linguistic social and cross −cultural perspectives [J].European Journal of Communication,1997, (1):270-272.

16.Egbert Jessup. Learner perceptions of computer−supported language learning environments, analytic and systemic analyses[R]. Tucson:University of Arizona,1996.

17.Fritz W,Mollenbert A,Chen G M. Measuring Intercultural Sensitivity in Different Cultural Context [J]. Intercultural Communication Studies, 2002,(1).

18.Godwin−Jones R. Integrating intercultural competence into language learning through technology [J]. Language learning & technology, 2005,17 (2):1-11.

19.Goodfellow R, Lamy M −N. Conclusion: Directions for research in online learning cultures[J].//R Goodfellow, M−N Lamy (Eds.). Learning cultures in online education (Continuum Studies in Education; 170 ‐ 183). London: Continuum Books,2009:58-59.

20. Hall, Joan Kelly. Language and Cultural: Teaching and Researching[M].Beijing: Foreign Language Teaching and Research Publications, 2005.

21.Hamilton J,Woodward−Kron R.Developing cultural awareness and intercultural communication through multimedia: A case study from medicine and the health sciences[J].System,2010,(9).

22.Hanvey. Cross−cultural awareness, toward internationalism: readings in cross−cultural communication[M].Cambridge: Newbury House Publishers, 1979:26.

23.Helm Francesca.Language and culture in an online context: what can learner diaries tell us about intercultural competence? [J].Language and intercultural communication,2009,(9):91–104.

24.Hu Chao. The report of intercultural communication awareness and competence of college students[J]. China Foreign.

25.Jandt Fred E. An Introduction to Intercultural Communication: Identities in A Global Community[M].London: Sage Publications, 2003.

26.Jin Ye. Research on business e−mail communication effect from the perspective of intercultural communication[D].Master degree paper of Shang-Hai Foreign Studies University,2011.

27.Johnston J. Enhancing adult literacy instruction with video [M]. Michigan ,Ann Arbor: University of Michigan,2001:75–77.

28.Kim Young Yun. Becoming Intercultural:An Integrative Theory of Communication and Cross−cultural Adaptation [M]. CA:Sage Publications, 2001:214–216.

29.Kolb D A.Experiential Learning:Experience as the Source of Learning and Development[J].Englewood Cliffs,NJ:Prentice Hall,1984:56–59.

30.Kramsch C. Language and Culture [M]. Oxford:Oxford University Press, 1998:95–96.

31.Kramsch Claire. Context and Culture in Language Teaching[M]. Oxford:Oxford University Press, 1993:105–107.

32.Krashen S. Principles and practice in second language acquisition [M]. London:Longman,1982:18–20,52–55.

33.Lafford.Toward an Ecological CALL: Update to Garrett [J].The modern language journal,2009,(12).

34. Larry A Samovar,Richard E Porter. Intercultural Communication: A reader[M]. Thirteenth Edition .San Francisco:Wadsworth Publishing Company, 2001:68–711.

35.Leh A S C. Computer−Mediated Communication and Foreign Language Learning via Electronic Mail[J]. http://imej.wfu.edu/articles/1999/2/08/

index.asp,1999.

36.Liang Lijuan.Research on application of network communication in intercultural courses[J].China E-education,2012,(12):45-50.

37.Liaw M L.E-learning and the Development of Intercultural Competence [J].Language Learning & Technology,2006,(9):49-64.

38.Ligorio M,Van Veen K.Strategies to build a cross-national virtual world[J]. AACE Journal, 2006,14(2):103-128.

39.Loo R. A Structural and Cross Cultural Evaluation of the Inventory of Cross-cultural Sensitivity[J]. Journal of Social Behavior & Personality, 1999.

40.Mara Alagic,Kay Gibson,Glyn Rimmington.Co-constructing intercultural communication competence through an online cage painting simulation and scenario repository: A theoretical perspective [J].ILTG Conference Ahmedabad: Proceedings,2008:120-121.

41.Mitchell R Hammer,Milton J Bennett,Richard Wiseman. Measuring intercultural sensitivity:The Intercultural Development Inventory[J]. International Journal of Intercultural Relations,2003.

42.Moran P R. Teaching Culture:Perspectives in Practice[M].Beijing: Foreign Language Teaching and Research Press, 2004.

43.Nada Salem.Teaching culture strategies and techniques [EB/OL]. http://www.nadasisland.com/culture/#capsules.

44.New Oxford English-English Dictionary [Z]. 1st Edition .Shanghai: Shanghai Foreign Language Education Press,2007.

45.Novak J D. The theory underlying concept maps and how to construct them[EB/OL]. http://cmap.cginst.uwf.edu/info/index.html.

46.Patrick Hanks. Collins English Dictionary [Z]. 6th Edition .Collins, London and Glasgon,1979.

47.Robert J Blake.New trends in using technology in the language curriculum[J].Annual Review of Applied Linguistics ,2007,(27):76－97.

48.Rogers Everett M,Sternfatt Thomas M. Intercultural Communication [M].New York: Free Press, 1984.

49.Sara Laviosa.The Theoretical Framework of Translation Instruction based on Corpus [J]. Theory and Practice of Foreign Language teaching, 2011,(1):16–24.

50.Schuetze Ulf.Exchanging Second Language Messages Online: Developing an Intercultural Communicative Competence? [J]. Foreign Language Annals,win 2008:660–673.

51.Schumann J. Research on the Acculturation Model for Second Language Acquisition[J]. Journal of Multilingual and Multicultural Development, 1986(7): 15–17、21–23.

52. Shaughnessy M.CALL.commercialism and culture: inherent software design conflicts and their results[J].ReCALL,2003,15(2):251–268.

53.Spitzberg B H. Intercultural effectiveness// L A Samovar,R E Porter. Intercultural communication: A reader [M]. Belmont, CA: Wadsworth.1994: 347－359.

54.Swain M. Communication competence:Some roles of comprehensible input and comprehensible output in its development [R]// Susan M Gass , Carolyn G Madden. Input in SLA.Heinle & Heinle Publishers, 1985:26、43–45、53.

55.Vannoy Sandra A,Chen Charlie C. Intercultural Communication Competence via IP Services Applications: A Modified Task –technology Fit Perspective[J].Journal of Global Information Technology Management, 2012, (3): 55–80.

56.Wang F,Hannafin M J. Design–Based research and technology–enhanced learning environments[J].Educational Technology Research & Development,2005,53(4):5–23.

57.Wiseman Richard. Intercultural Communication Theory [M]. London: Sage Publications, 1995:95-96.

58.Yin Xue Zhong, Hui Zhong Shen. Where is the technology-induced pedagogy? Snapshots from two multimedia EFL Classrooms[J]. British Journal of Educational Technology,2002,33(1):39-52.

59.Zhao Y, Alvarez-Torres M J,Smith B,Tan H S. The non-neutrality of technology: A theoretical analysis and empirical study of computer mediated communication technologies[A].//Y Zhao (Ed.). Research in technology and second language learning: Developments and directions[C].Greenwich, CT: Information Age.2005.

附　录

附录一 小学生跨文化交际素养现状与培养调查问卷(教师版)

尊敬的老师,您好:

为了解小学生跨文化交际素养的相关状况,北师大跨越式课题组邀请您参与此次调查,调查中不涉及个人隐私等信息,您的回答没有对错之分,请您放心作答,谢谢!

请填写基本信息

您的学校所在省份: 学校名称:

您所任教的年级:

您的教龄:( ) A.1—5 年 B.6—10 年 C.11—15 年 D.16 年以上(包括 16 年)

以下问题有单选和多选之分,请根据问题后面的提示作答。

1.您认为小学阶段(尤其是高年段,如 5、6 年级)培养学生的跨文化交际素养是否有必要? ( )A.有必要 B.没必要

2.您认为跨文化交际素养一般包含几个部分? (可多选)( )

A.意识 B.态度 C.认知 D.知识 E.行为 F.能力 G.其他(请补充)

3.您认为目前您所在学校学生的跨文化交际素养现状如何? ( )

A.很好 B.比较好 C.一般 D.不好

4. 您认为有哪些因素可以影响小学生的跨文化交际素养? (可多选)( )

A.教师 B.学生自身 C.教学内容与资源 D.教学模式、策略与方法

E.教学媒体和信息技术的应用 F.其他(请补充)

5.如果您认为教师可以影响小学生的跨文化交际素养,教师的哪些因素可以起到影响作用?(可多选)(　　)

A.教师对文化教学的重视态度

B.教师自身跨文化交际素养的高低

C.教师跨文化教学的处理方式和教学技能

D.其他(请补充)

6.如果您认为小学生的跨文化交际素养的培养也受其自身因素的影响,请选出下列哪些因素可以起影响作用?(可多选)(　　)

A.学生受母语的负迁移和母语文化的干扰

B.学生对跨文化交际的敏感性和学习的主动性

C.文化冲突

D.其他(请补充)

7.如果您认为教学内容与资源因素可以影响小学生的跨文化交际素养,这个因素可以包括哪些方面?(可多选)(　　)

A.没有明确的课程标准,跨文化交际知识不系统

B.缺乏优质的跨文化教学资源和学习资源

C.缺乏即时反馈的跨文化交际检测和评价系统

D.其他(请补充)

8.如果您认为教学模式与策略因素可以影响小学生的跨文化交际素养,这个因素可以包括哪些方面?(可多选)(　　)

A.缺乏有效的跨文化交际教学模式

B.缺乏有效的跨文化交际教学策略

C.缺乏跨文化交际的真实情景和语境

D.其他(请补充)

9.如果您认为教学媒体和技术因素可以影响小学生的跨文化交际素养,这个因素可以包括哪些方面?(可多选)(　　)

A.多媒体技术应用层次较低,作用发挥不够

B.网络技术的作用没有发挥好

C.缺乏个性化教学和分层教学的实施机制

D.其他(请补充)

10. 您认为可以通过下列哪些方式提高学生的跨文化交际素养？(可多选)(　)

A.对教师进行跨文化交际教学理念和方法的培训

B.对学生进行跨文化交际知识的专题讲座

C.让学生参观异国文化展览

D.为学生提供优质丰富的文化学习资源

E.采用有效的文化教学模式

F.运用有效的文化教学策略

G.创设真实的跨文化学习情境

H.充分发挥多媒体和网络等信息技术的作用

I.其他(请补充)

11. 您认为信息技术在跨文化教学中的主要优势有哪些？(可多选)(　)

A.内容演示　B.创设情景　C.提供资源　D.检测评价

E.基于媒体的交际　F.个性化辅导　G.其他(请补充)

12. 如果让您来讲授一节包含英美文化的英语课,您会不会使用信息技术(多媒体、网络技术等)？(　)A.会　B.不会

13. 您认为拓展听读中让学生阅读网络资源是否会丰富学生的跨文化知识？(　)

A.会　B.不会

14.您认为"一对一"网络环境(人手一台联网的电脑)在培养学生的跨文化交际素养方面有哪些作用？请填写。

谢谢您的参与！

北京师范大学现代教育技术研究所跨越式课题组

2013.3

附录二 小学生跨文化交际素养测试量表（ICLQ）

亲爱的同学：

　　你好，感谢你参与本次调查。你的回答不会对你的学习和生活造成任何影响，请不要有任何顾虑，如实、认真地作答。谢谢合作!

北京师范大学现代教育技术研究所

　　题目没有对错之分，请在1—5之间选择一个符合自己实际情况的选项打"√"。

　　"1"代表非常不同意，"2"代表不同意，"3"代表不确定，"4"代表同意，"5"代表非常同意。

序号	题目	1	2	3	4	5
1	我愿意与外国小学生交朋友					
2	我喜欢看英文电影					
3	我喜欢看外国的少儿节目					
4	我喜欢看英文绘本或简单的英文小报刊					
5	我喜欢参加学校的英语角或英语沙龙					
6	我愿意与外国小朋友在网上聊天					
7	我愿意给外国小朋友发 E-mail					
8	我喜欢与外国小朋友一起玩游戏					
9	我喜欢吃西餐					
10	我喜欢听外语歌曲					
11	我对外国文化非常感兴趣					

12　我能说出英语国家中典型的食品和饮料的名称

13　我了解外国人用餐时的一些礼仪

14　我了解西方传统节日的来历和庆祝方式

15　我知道 5 个以上讲英语国家的首都（知道几个就在对应的分数上标记,5 个及 5 个以上标记 5）

16　我认识 5 个以上讲英语国家的国旗（知道几个就在对应的分数上标记,5 个及 5 个以上标记 5）

17　我能说出 5 个以上讲英语国家的标志物（说出几个就在对应的分数上标记,5 个及 5 个以上标记 5）

18　我熟悉世界上主要的体育和文化活动

19　我认为外国人的思想都比较开放

20　我觉得外国小学生直呼父母或长辈的名字是礼貌的

21　当与外国人聊天时,询问对方的年龄和工资收入是不礼貌的

22　我不认为我们的中国文化要比其他外国文化优越

23　早上见面,我会主动用英语与外国小朋友打招呼

24　与外国小朋友再见时,我能够恰当使用告别语

25　我能够欣然接受外国朋友对我的赞扬并妥当答谢

26　我对外国小朋友很尊重

27　有外国小朋友来我们学校,我会很有信心与他们进行交流

28　在和外国小朋友谈话的时候,我会很专心地听他们讲话

29　我能够接受外国人的饮食方式

30　当我的一位英国朋友送我礼物时,我会马上打开收到的礼物看看

31　上课或开会迟到几分钟,我会感动不安,并向老师或主持人道歉

32　当外国朋友请我吃饭,主人问我还要不要时,我会想吃多少要多少

33　在课堂上回答外籍教师的问题时,我不需要站立起来

感谢您的参与！

2013.4

附录三　笔者与加拿大温哥华市纳卡斯普公立小学(Nakusp Primary School)的莉奇老师(Leitch)进行沟通的邮件摘录

笔者的去信

Dear Miss Leitch：

It's my pleasure to write to you, and make friends with you. Thanks for your help.

I am a Dr.Candidate of Beijing Normal University, my name is Jijun Wang, and my English name is Bob.

You may know and understand my research. I'd like to explain my project to you. My research topic is Cultivation of Intercultural Communication Competence for Students who use English as Second Language. My research needs a class in Canada about 30 students as our partners. Mrs. Jan Dion helps me and invites you to cooperate with me, so I am appreciating to say thanks for your help.

I want to get your students' E-mail addresses, so Chinese students can write to your students, and if your students receive the E-mails that send from Chinese students, you can tell them write back according to the topic. We will communicate four topics in this manner in a month, a topic per week！ I think it will be a good way to learn foreign culture both for Canadian and Chinese students. Maybe they can become good friends online.

Thanks for your help!

Best Regards!

Yours. Jijun Wang

2013.9.5

来自莉奇老师的回复

Hi Bob,

Thank you very much! If you get to have an English name, may I have a Chinese name?

We would love to be pen pals with your students. I have 29 students. I have got the email addresses from them and send them to you. The attachments are email addresses of my students. Please check them. I look forward to working together with you and your students! Sincerely!

Leslie Leitch

2013.9.8

附录四　中加两国小学生发送的邮件摘录

中国小学生 Sue 发送的第一封邮件

Dear Cameron,

I am happy to become a new pen pal of you.I live in China, my name is Lengling, my English name is Sue. I'm a girl, 12 years old.

My family has four people,my father, my mother, my little brother and I. My father is an engineer, he goes to work by car, he likes playing chess.My mother is a teacher.

I am studying in Huashan School,I like my school days very much too. We have Chinese, Math,English ,PE and other classes. I like English very much.I like playing the piano.We have summer and winter holiday. On holiday, I often do some housework and do some homework.The holiday is very happy.

Can you talking to me about you?

Welcome to China!

Your new friend Sue.

2013.9.24

加拿大小学生卡梅隆(Cameron)回复的第一封邮件

Dear Sue,

I am also happy to have a pen pal with you. It is very exciting. I am 11 years old. I am a girl and I am from Nakusp, Vancouver, Canada. I am in Grade 6, too. I go to Nakusp Elementary School from Monday to Friday. I like skating and snowboarding.

There have four people in my family, my mother, my father, my brother and I. My mother is a doctor, my father is a worker, and my brother is in grade 10 and he is 15 years old.

We have many snow in winter, do you have snow in China? Have you ever been to Canada? Canada is nice, beautiful country, too. Welcome to Canada and we will play snowboarding.

Yours Cameron

2013.9.26

中国小学生 Sue 发送的第三封邮件

Dear Cameron,

Thank you for your in time reply.From your last letter, I understand some kinds of west food, and know some cultural knowledge.

This time we will talk some festival. You know, China has many traditional festivals, such as the Spring Festival, Lantern Festival, and Qingming Festival, Mid-Autumn Festival, etc. There are some other modern holidays, such as Labor Day, National Day and so on.Let me introduce you some of the major traditional Chinese festival.

The first is the Spring Festival, Spring Festival is the largest and the most solemn festival to celebrate in China, we will have three or four weeks holidays, we will fire crackers , eat dumplings , all the people go to celebrate the Spring Festival.

After fourteen days of the Spring Festival, it is Lantern Festival. It is the first night of full moon after the Spring Festival. In this evening, we will look the lantern, many colors, and all kinds of lanterns placed on the road, as well as puzzles.

There is a Mid-Autumn Festival in the fall, it is the eighth full-month night in a year, people celebrate the harvest and eat moon cake, drinking red wine, it is fun.

China has some other holidays also, if you are interested in Chinese festivals, next time I'll tell you some other festivals. I'm also very interested about your festivals, would you like tell me something about your festivals in Canada?

I wish you a happy week!

Yours Sue.

2013.10.14

加拿大小学生卡梅隆(Cameron)回复的第三封邮件

Dear Sue,

I have received your mail, thank you for giving me introduce these Chinese festivals, and I am looking forward to come to China, and I want to experience the Chinese Spring Festival, eat dumplings, it must be delicious.

There are many festivals in Canada, such as Easter, Halloween, and Christmas, etc.First of all, Easter is an important festival in the spring. Easter means rebirth and hopeness. We will eat chocolate Easter eggs, these eggs are pretty and beautiful, and they represent the people's good wishes. Another symbol of Easter is a small rabbit.

Halloween is fun, too.In this day, kids will put the pumpkins, wearing kinds of costumes, go door to door to ask for candy, they kept saying "Trick or treat". If you are unwilling to give candy, then the kids will be very angry, with a variety of methods to punish you, for example, put rubbish in your home, until you are willing to give them candy so far.

Christmas day is on December 25, it celebrated as the birthday of Jesus.

Christmas tree is one of the most famous things of Christmas. There are also Christmas stockings, Christmas hats. Santa Claus is a red–robed, white–bearded old man. Every year at Christmas, he drove a sleigh pulled by deer from the north, came into the home from the chimney, and packed the gifts in stocking hanging on the children's bed, or before the fire. We will eat turkey, almond pudding on Christmas day.

All these festivals are fun, do you like our festivals?

Best wishes!

Yours Cameron

2013.10.16

附录五　部分拓展资源

拓展资源 1

- The content about English letters or E-mails

1. Address

 Dear, Hi, Hello ……

2. The beginning of the letter

 I have received your letter(email)

 Thank you for your immediate reply.

3. Wishes

 I hope everything goes well with you.

4. Signature

 Yours, Your sincerely

How to address an envelope to your friend in a foreign country?

There are three parts on an envelope:

The first part is return address（寄信人地址）, it is in the top left corner, the sender's information should write here, such as name, street number, district, city, province(省)or state(州), country and postal code(邮编). These items(项目)should sequence(排列顺序)from small to big, that means you should write the very near street, then the district and the city, and country , and postal code at last.

- Zhang Ming
- 3 Jian Guo Road
- City of Korla
- Mongolian Autonomous Prefecture of Bayingolin
- The Xinjiang Uygur Autonomous Region

The second part is receiver and his(her) address. It is in the middle of the envelope, the items include(包含) the receiver's name, street number, city, province (state), country and postal code. These items (项目)should sequence(排列顺序)from small to big also.

- Nicholas Smith
- 151 Bloor street west
- Toronto, Ontario
- Canada M55154

拓展资源 2

Unit5   What does she do?

文化目标:了解英语中职业名称对于不同性别的差异

拓展阅读材料 1:

There is no strict(严格的) gender(性别) differences(区别) in Chinese professional name(职业名称), such as doctors, drivers, singer, worker, if we want to distinguish (区分) the gender of them, we can add a word of gender "male" or "female" in front of the name, such as "female police, a policeman".

In English, some professional name also have no strict distinction, such as doctor, the teacher, driver, etc. But some professional names have different names due to the different gender, such as actor and actress, actor is a man, but actress is a woman; and policeman means a police is a man, policewoman means a police is a woman; so a salesman refers(指的是) to a man, a saleswoman is referring to a woman. A mailman refers to a man, and a mailperson generally(一般来说) refers to a female postman, rather than a mailwoman.

There are other names like these.

For example:

male——female

waiter 服务员——waitress 女服务员

tailor 裁缝——tailoress 女裁缝

Hero 英雄——Heroine 女英雄

拓展阅读材料2:

In English word, some words ended(结尾) with – ar, – or, and – er, these words were used in calling the occupation（职业）of men and women originally（本来）, but in some terms of occupations, identities（身份）and parts of the nouns(名词) are distinguished(区别) between men and women by the suffix(后缀).

Such as:

(1)Words ended with– ess used for female. It is generally believed that word ended with – ess suffix expresses a negative（否定）connotation（内涵）. In most cases, these words are added to some male words or some did not show that gender words, such as, tailoress, waitress.

(2)Words ended with – ette used for female. With close links to the – ess suffix another suffix is – ette, feminists have long opposed the use of – ette as a suffix to represent the women, because the suffixes clearly contain "small" and "shallow" meaning.

拓展阅读材料3:世界主要国家重要标志物

1. 中国长城: The Great Wall, China

2. 英国大本钟：Big Ben in London, England

3. 英国白金汉宫：Buckingham Palace, England

4. 日本富士山：Mount Fuji, Japan

5. 印度泰姬陵：Taj Mahal, India

6. 伊拉克巴比伦遗迹：Babylon, Iraq

7. 埃及苏伊士运河：Suez Canal, Egypt

8. 埃及金字塔：Pyramids, Egypt

9. 撒哈拉大沙漠：Sahara Desert

10. 澳大利亚大堡礁：Great Barrier Reef, Australia

11. 澳大利亚悉尼歌剧院：Sydney Opera House, Australia

12. 法国巴黎圣母院：Notre Dame de Paris, France

13. 法国埃菲尔铁塔：Eiffel Tower, France

14. 法国卢浮宫：Louvre, France

15. 意大利比萨斜塔：Leaning Tower of Pisa, Italy

16. 巴拿马运河：Panama Canal

17. 美国黄石国家公园：Yellow Stone National Park, USA

18. 美国纽约自由女神像：Statue of Liberty, New York City, USA

19. 美国华盛顿白宫：The White House, Washington, D.C., USA

拓展阅读材料 4：中西文化差异

• Greeting and Parting

(1)In China, when we meet acquaintances or friends, we always say , "Have you eaten yet? ", "What are you going to do? ", and so on.

(2)In English country, people often employ the following expressions to greet each other "Good morning/evening/afternoon. ", "Fine day, isn't it? ", "How is everything going? ",etc.

• Addressing

(1) Chinese use "title +surname" to address their superior or elders

rather than call them surnames, while the superior or elders call the addressers their names, otherwise, the addresser may be considered as ill mannered, ill educated or rude.

(2)In west, although they are different in age and status, they can call the other directly, namely their names, even first names. They demonstrate the sense of intimacy and the conception of "Everyone is created equal".

● Thanks and Responses

(1)In China, we not often use "Thank you" between intimate friends and family members because it may imply a certain distance between the addresser and the addressee.

(2)"Thank you" is widely used in English to show gratitude in such cases as being invited, helped, given a gift, etc.

● Asking personal affairs

(1)People from China do not regard it as asking personal affairs when they ask others' name,age,marital status,wages,personal life,belief and political points. It is regard as concerns. While the westerns will think you violate their right of privacy.

(2)When we talk to the westerns, we must avoid asking some questions like this "How old are you?", "Are you married?", "How many children do you have?", "How much do you make?", "Do you go to the church?"and so on.

附录六　教师访谈提纲

访谈导语:

** 老师,您好!

非常感谢您能抽出宝贵时间接受本次访谈!本次访谈主要是希望向您了解文化教学模式在小学生跨文化交际素养培养中的效果和您在文化教学中遇到的一些问题。所有访谈资料都将保密,请您放心!感谢您的支持与参与!

2014 年 1 月

访谈提纲:

Q1:根据您在课堂内外的观察,您觉得经过这 8 周的实验教学后,学生的跨文化交际素养是否发生了变化? 如果发生了变化,有哪些变化?

Q2:您觉得这种教学模式的优点有哪些?

Q3:您觉得这种教学模式的缺点有哪些?

Q4:您在实施教学时是否遇到了困难?遇到了什么困难?您是如何解决的?

后　记

  本书是在我的博士论文基础上修改而成的,选择这个题目做研究,有以下三个方面的原因:第一,在信息技术高速发展的互联网时代,信息技术对教育的发展具有革命性影响,在深化教育改革进程中,"一对一"网络环境具有极大的先进性,选择这样一个研究课题是学术研究的趋势使然;第二, 我在读博期间所承担的课题研究需要为一线教师提供基于技术的解决方案,尤其是帮助他们解决在跨文化教学中遇到的问题——如何培养小学生跨文化交际素养;第三,我对外语教学和跨文化交际很感兴趣。基于上述原因,我确定了这个研究主题。

  课题研究及博士论文写作是一个痛苦的过程, 也是一个提升自己研究能力的过程。从选题到开题,从设计实验到实施实验,从收集数据到分析数据,从讨论到建议,有过多少次的迷茫和困惑,也有过多少次的懈怠和焦虑;有过多少次的坚持和转机,也有过多少次的顿悟和欣喜。在博士阶段的学习和博士论文写作过程中, 我得到了恩师、领导们的指导和关心,以及同学、朋友、亲人们的支持和帮助。在此,就让我用笨拙的语言来表达至诚的谢意!

  首先,衷心感谢我的导师何克抗教授。在本科和硕士学习期间,我只能从教材里结识先生,然而,2011年我竟然成为您的学生,实在是幸运之至。先生是一位年近八十岁的学者,一位对中国基础教育怀有"赤子之心"的大学教授,他生活朴素,心系教育。瑞士著名教育家裴斯泰洛奇在自己72岁生日庆典时说道,他脑海中萦绕的始终是"人的教育、整个人民的教育,尤其是穷人的教育"。其实这句话用在何克抗教授身上再恰当不过了。我永远记得,2013 年 5 月 22 日,在与北京市西部阳光基金会签约甘肃陇南地区跨越式课题时, 时年 76 岁的老先生替大山里的孩子深鞠的那一躬,以及先生的感恩、激动和流下的眼泪。爱是教育的基础,大爱无疆,他为使大山里的孩子能够享受到优质的教育资源而奔波。七旬教授牵手六万山里娃,先生用他的满腔热血和实际行动,为中国的基础教育改革进行着曲折的探索和精心的实践,先生是中国"当代的陶行知"。如今,"跨越式"已经在全国 20 多个省级、市级、县级实验区得到推广,并走出国门,推广至新加坡。永远记得,三年来追随先生一起出差云南,一起登上宝岛台湾进行学术交流,一起奔赴宁夏,一起跨越甘陕,在这样的日子里,我受到了谆谆的教诲和灵魂的洗礼。先生对学术和做事的认真严谨让人叹服,曾经看到先生用铅笔给我们批改的作业和试卷,工整的字迹和中肯的评语间是无尽的细致和严谨。永远记得,在飞机上与先生谈论课题,先生的无奈与执着、担忧与兴奋。永远记得,与先生一起在课堂上听课,聆听老人家的精彩点评,每次都有收获和启迪。先生不仅关心大山里的孩子,还关心普通的人民群众。先生的精神和品格将会影响我的一生,指引我前行!

衷心感谢我的导师余胜泉教授。成为余老师的学生也是我的荣幸。余老师博学多才、思维敏捷、有胆有识,是教育技术学领域的一颗新星。他高瞻远瞩、身体力行,对学术研究充满了永恒的乐趣,对课题的分析总能让人耳目一新。余老师技术和人文完美统一, 不仅精通各种教学系统的开发,还具有诗人的浪漫主义情怀,善于填词赋诗。余老师精力充沛,他忘我的工作精神和激情实在让我敬佩。三年来,我多次在深夜里接到余老师的电话和短信,也已经习惯了看他在深夜回复的邮件。我的博士论文是在和余老师的一封封邮件、一个个电话、一次次面谈和沟通中完成的,字里行间倾注着余老师的心血和汗水。感谢您让我参与了多个研究项目,让我学会了并行处理事务;感谢您对我的信任,给予了我锻炼的机会,让我能够独立承担研究工作,我的成长和进步离不开您的指导和帮助。永远不会忘记,大年初一您给我们博士生发送的邮件不仅饱含祝福,还包含着对我们这些年轻学者从事学术研究的严格要求和谆谆教诲。三年来,我从余老师身上学到的不仅是知识,更重要的是做人的道理和做事的智慧,余老师永远是我学习的楷模。

特别感谢刘美凤教授。刘老师是我在北京师范大学访学期间的导师,认识刘老师是我的荣幸。2009 年我被选为教育部国内青年访问学者,从而进入刘老师的实验室。在刘老师的精心指导和实验室的在读博士、硕士的帮助下,我很快适应了实验室的研究工作和学习生活,和刘老师及其团队在一起学习和研究的日子是我难以忘怀的!在考博的几年里,我得到了刘老师的大力支持和鼓励。当我遇到困难时,刘老师倾力相助,一个大教授帮我跑前跑后,令我万分感动。在我读博的这三年中,刘老师也给予了我莫大的支持,从专业学习到博士论文的开题和撰写,都离不开刘老师的关心和指导。刘老师的渊博学识和个人魅力给予我很大的启迪。我清晰记得访学的第一天,刘老师在课堂上所讲的话:做学问先要做人!五年来,我一直恪守着刘老师的教诲——老实做人、踏实做事。

感谢新疆维吾尔自治区华山中学的李静老师、葛兰英老师、尹元荣老师,感谢你们对我的研究的支持和帮助。感谢《中国电化教育》杂志社的宋灵青编辑和《现代教育技术》杂志社的焦丽珍编辑对我的研究的认可,让我的研究发表在贵刊,得以和同行们交流。

我要感谢我的母亲,"凯风自南,吹彼棘心;棘心夭夭,母氏劬劳",感谢您的养育之恩。在我成家有了孩子之后,您又帮我照看孩子,每次回家看到您的白发和慢慢老去的容颜,都让我心酸不已。古人云:父母在,不远游。这几年,母亲的身体每况愈下,让我内疚的是,当母亲生病住院的时候,我却远在外地出差,不能及时照顾。每当思及此念,泪眼模糊。更让我今生愧疚和难忘的是,2012 年 6 月 11 日下午 6 点,母亲的手术结束了,6 月 12 日凌晨 5 点,母亲在重症监护病房里还没有超过 12 个小时,我就收拾行囊,准备赶赴云南出差,都说忠孝不能两全,我心里极其矛盾。开明大义的母亲躺在床上催促我:"放心去吧,我很快就好了!"我抹了一把眼泪,没敢正视母亲的眼睛，拉起行李箱走出了病房。那天我坐在飞机上，大脑一片空白。当飞机飞到云南上空，我看到七彩云南那随风飘荡的云彩时，感慨万千，突发灵感作了一首诗："彩云之南云绮异，朵簇层片形变幻。浓淡互妆色相宜，风吹云游遂心愿。"而我的心愿就是希望母亲尽快好起来。天遂人愿，后来母亲就慢慢好起来了，在此祝福母亲身体健康！

　　我要郑重地感谢我的妻子阴山燕。妻子和我是大学同学，我们俩在一起走过了青春、恋爱和婚姻。在我访学和读博的这几年中，她用勤劳的双手和瘦弱的臂膀坚强地撑起了这个家。她一边工作，一边还要照顾老人、抚养孩子，为我、为我们这个家已经付出了很多。每当握着她日渐粗糙的双手，我心中阵阵酸楚。永远难以忘记我们曾经的浪漫和相濡以沫，永远难以忘记在我读博遭遇心理压力时，你给我的安慰和体贴，永远难以忘记我在撰写博士论文期间遇到困难时你帮我分析数据，当然也难以忘记除夕你还"逼迫"我撰写博士论文的情景。"凤凰于飞，翙翙其羽，亦傅于天。"今后的日子里，我们将携手前行，共同创造美好的生活！

　　感谢我的宝贝女儿钰昕。你是爸爸的骄傲，在紧张而又枯燥的求学日子里，你是我最美好的惦念。三年来，你每天都期盼着爸爸能够陪你玩，可是对不起，孩子，爸爸没有时间天天陪伴你。因此每当我出差回家，就会尽情地和你玩游戏，为你讲故事，带你去郊游。看着你茁壮成长是上天赐给我的最大幸福！爸爸祝你永远健康快乐！

　　最后，我还要感谢远在天国的父亲。父亲是一个朴实的农民，但他眼光远大，有着坚强的品格和意志。虽然在我大学还没有毕业的时候，他就驾鹤西去，但是读硕士和博士是老人家一直以来对我的期盼。遗憾的是，他没有能够等到儿子拿到博士学位和他一起分享喜悦的这一天。无父何怙？这些年来先父的期盼和意志一直鼓励着我，成为我前进的不竭动力，就让我用这份"迟到的礼物"来告慰他的在天之灵！

　　博士毕业表示一段旅程的圆满结束，但也意味着一段新征程的开始。未来的路还很长，让我带上感恩与祝福，扬帆远航！

本书的出版还要感谢天津人民出版社的杨轶编辑，与杨编辑的每一次沟通都给我一些启发，谢谢您的帮助和支持，让拙作早日问世！

王济军

天津外国语大学

2017 年 10 月 25 日